U0566282

Pedro Barceló

© Verlag C.H.Beck oHG, München 2007

汉尼拔

Hannibal

〔德〕佩德罗·巴尔塞洛 / 著

丁树玺 / 译

社会科学文献出版社

SSAP

SOCIAL SCIENCES ACADEMIC PRESS (CHINA)

献给

艾历克斯和菲利普

前　言　/　*001*

第一章　成长于一座危机四伏的城市　/　*001*

第二章　青少年时光：寻找阿根索尼奥斯　/　*013*

第三章　从加的斯到萨贡托：西班牙
　　　　发展策略　/　*026*

第四章　罗马参战：一场世界级大战的
　　　　爆发　/　*037*

第五章　新世代的亚历山大：从新迦太基
　　　　到坎尼　/　*051*

第六章　汉尼拔兵临城下：罗马开始反击　/　*071*

第七章　突破不可能：汉尼拔在意大利　/　*088*

第八章　在北非做出决断：西庇阿和
　　　　汉尼拔　/　*103*

第九章　重返迦太基：一段新的旅程？　/　*115*

第十章　逃亡之路：汉尼拔在东方　/　*124*

后　记 / *135*

大事年表 / *139*

参考文献 / *144*

索　引 / *146*

Contents /

前　言

汉尼拔（Hnb'l，布匿语意为"巴力的恩泽"）这位历史上最有名的迦太基人不仅与他的家乡共享着世人无限的钦佩，也共同背负着一个可疑的声誉。我们所知的关于这两者的一切几乎都来自他们敌人的记述。这意味着，虽然他们的杰出表现都被记录下来，但总是带有批判性甚至是负面的弦外之音。李维为汉尼拔撰写的简介很好地证明了这一点，其中这样写道："他有着无人可及的果敢与沉着。寒冷或炎热他都能很好地适应；饮食对他而言只是满足自然需求，而不是享受；他的穿着和其族人没什么两样。他是最好的骑兵，也是最好的步兵。然而，这些伟大的美德却被天平另一端极大的恶行——毫无人道的残忍，更甚于普通迦太基人的不忠，不敬畏上帝，不遵守誓言，没有虔诚的责任心——抵消。"（李维 XXI 4）

希腊历史学家波里比阿（Polybios）比较中立地总结了自己对汉尼拔的认识："由于朋友的影响和环境的压迫，很难对汉尼拔做出客观的评价。"（波里比阿 IX 25）

无论是积极的还是负面的，对他的评价总是十分极端，这也印证了一个事实：汉尼拔一直被古代的历史学家高度关注，有些人甚至对他着迷。塞利努斯（Silenos）、索西卢斯（Sosylos）、费边·皮克托尔（Fabius Pictor）、波里比阿、李维、狄奥多罗斯（Diodor）、科尔奈利乌斯·奈波斯（Cornelius Nepos）、西利乌斯·伊塔利库斯（Silius Italicus）、庞培·特罗古斯（Pompeius Trogus）、阿庇安（Appian）和卡西乌斯·狄奥（Cassius Dio）等人都为他写过传记。然而，同时代人的作品仅有少数片段保留了下来，塞利努斯和索西卢斯作品的佚失尤其令人感到遗憾，他们都曾以迦太基的视角记录了当时的历史事件。但我们仍然能够通过整合残存的其他学者的作品，对汉尼拔不平凡的一生进行相对令人满意的历史重现。

但是，他的私人生活在很大程度上对我们来说仍是一个谜。他究竟是个怎样的人？对此我们几乎一无所知。没有任何他本人的原句得以留传，让我们可以对他的性格、智慧或气质做出准确的判断。波里比阿和李维虽然提供了一些汉尼拔的演讲，但是我们不能简单地从字面上理解其内容，因为它们都是文学作品中的片段，用以提升作品的可读性和创造文学张力。我们的古罗马作家创造了它们来增强情节的戏剧性。此外，它们也总被认为是刻画某些人格品质的最有效手段。

汉尼拔以其非同凡响的人生轨迹告诉我们，他是古代地中海世界第一人，他一次次地站在历史的风口浪尖，做出决定性的贡献。年少时，他随父西征，并在那里长大成人；在巩固了在伊比利亚半岛的势力之后，他踏上了书写世界历史的征程。在当时世界舞台的中心，他耗尽半生精力，使强大的罗马帝国陷入艰难境地，给罗马人提出了一个几乎无法完成的难题。在生命的最后阶段，他的名字依旧有魔力，再次引起地中海东部地区的轰动，让那些世界掌控者重新领教恐惧的含义。

纵览他的一生以及他那些狂热激进的行为，首先我们会注意到他本人总是处于事件的中心。他个人对于改变当时格局的政治及军事事件的参与度远高于平均水平。在这一点上，无论是崇拜者还是反对者都没有异议。他的激情、才能及多样化的能力，尤其在军事领域，得到了所有人的认可。

我们很难基于古罗马作家贫乏的陈词滥调，即那些杂糅了反迦太基情绪的关于汉尼拔的描述来对他做出评价。只有逐一对史实的来源进行考究才能帮助澄清一些有争议的真相。

我们必须考虑汉尼拔人生中的各个里程碑与古罗马作家笔下那位故事主角间的真正联系，其中包括重要的历史事件和发展阶段，这样才能再现汉尼拔的历史形象。只有从他的时代背景出发，在避免人为加工的前提下，他才能得到真正的理解和赞赏，而且我们必须同时着眼于影响他一生的两个对立面——迦太基与罗马。汉尼拔时期这两座城市的历史是每一部汉尼拔传记不可避免的关注点。

就像所有短篇作品一样，本书也面临调和主线与细节之间张弛关系的难题。对于一部翔实的能够体现主题复杂性的作品而言，对整体历史背景的追溯和对特定时间、地点内个人表现的描写缺一不可。

第一章　成长于一座危机四伏的城市

公元前247年，汉尼拔出生在迦太基。他是家中的长子，另有两个弟弟和几位妹妹（他的母亲名字不详）。时值第一次布匿战争中期，这场持续了将近20年之久的冲突对于迦太基人而言并不乐观。虽然罗马执政官马尔库斯·阿蒂利乌斯·雷古鲁斯（Marcus Atilius Regulus）在公元前255年攻占北非的计划失败了，但是罗马人的斗志并未消减。迦太基人在西西里岛——这场战争的主战场表现得十分被动，但他们在努米底亚浴血奋战，尽其所能地将领土扩大到泰贝萨（Theveste，今阿尔及利亚与突尼斯边境）。当罗马人在西西里岛进一步加强攻势时，迦太基人将舰队统率权委派给了汉尼拔的父亲，哈米尔卡（Hamilkar，布匿语意为"麦勒卡特的仆从"）。无论是意大利岛沿岸的海战还是西西里岛的陆战，这位将领都做到了最好，竟然未尝一败。但这一切无法改变战争的最终结局，他只能无奈地接受：迦太基人不得不向强大的罗马低头。

哈米尔卡，汉尼拔之子（爷爷与举世闻名的孙子同名），出生于迦太基的名门望族巴卡（意为"闪电"）家族，但家族起源不详。哈米尔卡在军队的晋升也使整个家族站上了迦太基政权的顶峰。为了稳固和扩展政治影响力，巴卡家族与其他迦太基和努米底亚领袖家族进行了一系列联姻。哈斯德鲁巴（Hasdrubal），汉尼拔之前的西班牙统治者，是汉尼拔的姐夫；汉诺（Hanno），波米尔卡（Bomilkar）之子，第二次布匿战争中迦太基最出色的将领则是他的外甥，而他的妹妹嫁给了努米底亚首领那拉瓦斯（Naravas）。虽然和来自其他文化的人结合，但迦太基人并未丢失自己的民族特点。

迦太基城的居民对自己可以成为这座古老

而又威严的城市的一员而感到自豪。公元前 8 世纪，来自泰尔城（Tyros，也译作"推罗""苏尔""提尔"等）的腓尼基人建立了这座城市。几个世纪以来，迦太基在当时世界的各个领域都留下了自己的烙印。撒丁岛、西西里岛、巴利阿里群岛（Balearen）以及北非地区的人民都要接受它的领导。大量负责雅典—加的斯，马赛—昔兰尼之间贸易业务的商铺也证实了它对北非经济的重要性。和巴卡家族类似，许多迦太基上层家族和统治西西里岛的希腊家族以及北非努米底亚领袖家族都有着紧密的联姻关系，这也进一步加强了迦太基势力范围内的政治稳定性。

大海是迦太基的组成部分，商船队是它的生命线。有识之士以及先进思想和商品都通过海路从偏远之地传到迦太基，这座城市一直认为自己是文明世界的中心。在这里，原材料被加工成商品，周边地区的土地也被有计划地用于农业发展。迦太基人拥有先进的种植方法，罗马农夫间流传的种植手册也以其为范本。城中有大量来自世界各地的商人、工程师、学者和冒险家。艺术、建筑和技术领域的最新成果在这里都备受关注。

这座城市独有的海洋优势促进了它在各个方面的开放政策。因此，希腊的教育模式早在扎根罗马之前就在这里找到了立足之地。全面吸收科技领域的最新成果也使得它在与邻国的竞争中占得先机。公元前 4 世纪，著名的希腊精英都赞扬迦太基人的政治制度，并称从中看到了层次感与整体繁荣的结合。没有人比亚里士多德更能证明这一点，他曾指出迦太基宪法的优点，并将其和斯巴达法律相提并论。与罗马一样，迦太基拥有一个基于各种机构（民众议会、议会、公职人员）的由贵族组成的共和制政体。但在最终决策权上，领袖家族仍然居于主导地位。

毫无疑问，迦太基吸引着世界各地的商人、艺术家以及工匠。此外，还有来自希腊、意大利、高卢、西班牙和北非的职业雇佣兵，他们也对这里的城市生活起到了至关重要的作用。

迦太基自身的人口不足以应对不断的军事冲突，为了维持在这段时期取得的世界地位，

迦太基女祭司，Christophe Walter 摄，©Paris-Musées，1997

他们用雇佣兵来填补民兵的空缺，将一部分作战任务完全交由外国人完成。尽管受到诸多外部影响，迦太基仍能保持其布匿人的特点。他们乐意接纳新鲜元素，并根据自己的需要做出调整。但他们也坚持着长久以来的传统，无论是国家机关、军事法律、经济制度还是最重要的宗教规定。某种程度上，汉尼拔的传记直接反映了当时迦太基的文明程度。一方面，他精通多门语言（后文也会提到），接受希腊式教育，热爱技术创新；另一方面，他也绝没有忘记故乡的政治习俗，并对迦太基宗教充满了敬畏之情。

这座杰出的城市令人羡慕，受人尊重，自然也树敌无数。在经历了与罗马20余年的艰苦战争（公元前264～前241年）后，城内的政治和经济生活几乎陷入瘫痪，现在它站在了历史的转折点。而与罗马签订的和平条约［《卢塔提乌斯条约》（Lutatius Vertrag）］中的苛刻条款更是使情况雪上加霜。失去了制海权和西西里岛，迦太基不仅要忍受战败带来的后果，还要养活战后的雇佣兵。在这种情况下，人民的怒火被点燃也是理所当然。很快，一波接一波的指责声不绝于耳，呼喊着谁应该为失败负责。但他们必须学会忍受失败，尽管这对惯于成功的迦太基人来说可不容易。在和罗马的战争中，战略家汉诺（Stratege Hanno）将城市的势力范围向南方延伸（公元前247年）。时局的紧迫性赋予了这次势力扩张特殊的意义：迦太基的未来将立足于北非。

但是这个问题不得不先搁置一边，因为有更迫切需要解决的难题。一个偶然事件引发了大灾难。第一次布匿战争结束（公元前241年）后，从西西里岛向北非转移的雇佣兵向政府讨要本该属于他们的佣金，而囊中羞涩的当局则试图压低金额。这样的处理方式在当时的大环境下可谓下下策，大家心中的怒火被点燃，双方的冲突进一步升级。雇佣兵起义反抗自己的雇主，还联合了部分受到迦太基压迫而心怀不满的北非国家发动叛乱。一个错误的决定引发了恶性循环，随暴动而来的是无情的大火。第一次布匿战争甫一结束，利比亚（雇佣兵）战争（公元前241～前238年）即爆发。

这一切发生时，汉尼拔还只是个孩子，而更加残忍的是，刚从西西里岛战场归家的父亲又被委以镇压兵变的重任。正如希腊历史学家波里比阿所指出的那样，这世上鲜有比这一系列战争更凶狠、残酷的军事冲突，它们将迦太基一步步推向深渊，而这一切正是汉尼拔在孩童时期经历的悲剧。这座城市完全在为生存而战，而且在此之前从未有人能度过这样的危机。自己祖国土地上的悲惨经历，在汉尼拔日后的命运中发挥了至关重要的作用。可以想象，正是受到这些童年经历的影响，他的头脑中产生了将对抗罗马的战争带到意大利土地上的想法。

但这还不是全部。当雇佣兵战争无情地将迦太基卷入危机旋涡的中心且结果犹未可知时，罗马人参战了。如果说公元前 241 年签订的和平条约让迦太基拱手让出了地中海海上霸主的地位，那么罗马人现在想充分利用迦太基这种令人绝望的局面来进一步扩张自己的领土。吝啬的罗马人以毫无法律效力的说辞强占了撒丁岛，这种行为让所有迦太基人感到愤慨。由此，罗马人得以再次限制迦太基的发展机会。一连串的噩耗伴随着迅速转变的世界格局迫使迦太基妥协、被动地适应新环境。一开始，迦太基几乎没有周旋的余地。

所有迦太基人，包括小男孩汉尼拔，都因为未来将任由一位贪婪无情的对手摆布而感到毛骨悚然。在这方面，普鲁塔克（Plutarch）提到的罗马人给世人留下的印象值得我们注意。他在为罗马将领、日后汉尼拔的对手马尔库斯·克劳狄乌斯·马塞勒斯（Marcus Claudius Marcellus）所著的传记中写道："时至今日（马塞勒斯时代之前），罗马在他国人民看来就是一台战争机器，是肉搏战中的可怕对手；而怜悯、博爱和政治美德从来与它无关。"（普鲁塔克，Leben des Marcellus 20）

多亏了哈米尔卡（公元前238年）决定性的指挥，在一系列反击之后，叛变的雇佣兵被镇压。虽然最直接的威胁已经被解除，一种解脱感也在民众中弥散开来，但他们并没有感到安全。因此，迦太基必须采取预防措施，以防止这刚刚得到解决的破坏性的危机再次发生。当时的政治主导权掌握在两位男子——汉诺

（战略家）和哈米尔卡——手中，二人各自代表着不同的政治主张。

汉诺主张放弃海外殖民地，集中剩余力量有针对性地实现迦太基在北非的扩张。而这种观点自然得不到土地所有者阶级的支持。如果这个方案取得成功，将会得到更多农业资源。然而，这却只有在征服利比亚大部分地区并成功奴役其居民后才能实现。对于利比亚战争鲜活的记忆或许成了这一计划的绊脚石，因为这意味着会增加暴动起义的可能性。埃及的托勒密王朝提供了一个在非洲集中发展的帝国模板，他们充分利用本国自然资源，为领导阶级创造了惊人的财富。

而这一计划的关键性替代方案是哈米尔卡倡导的，延续了迦太基的海外扩张传统。他们必须支付罗马人强征的贡品，而失去西西里岛和撒丁岛的收入使这个任务变得更加困难。迦太基需要一片新的领地来弥补损失，它不仅要为经济发展提供所需的原材料，还要成为迦太基地中海贸易的新基地。而迦太基周围的非洲城市显然无法满足这一要求。因此，哈米尔卡将目光对准了一片全新的、收益更高的土地。

伊比利亚半岛（die Iberische Halbinsel）满足了这些条件。它拥有充足的原材料（如木材、羊毛、谷物等），特别是金属材料（铅、银、铁、锡）。另外，事实证明，这片土地还能够提供大量有经验的士兵，而这正是迦太基政权的支柱。此外，还有一点支持哈米尔卡的计划，那就是西班牙土地上有很多腓尼基人的定居点，加的斯是其中最有名的，未来它们都是可能的盟友。更棒的是，罗马在该地区没有任何影响力。罗马人当时的注意力完全集中于北部的高卢，集中于西西里岛和撒丁岛行省的建立，以及集中于伊利里亚地区（der illyrische Raum）。他们虽然不希望迦太基人在西班牙发展，但也没有特别感到困扰。南西班牙地区与罗马当时的活动区域之间距离很远，仅此一点，他们便无须担心权益遭到侵犯。然而，这些在迦太基人看来合理的计划是在排除罗马人的情况下制订的，这可能会使他们很快遭到猛烈的回击。

在最高军事指挥部确认了穿越利比亚的战略之后，哈米尔卡做好了在西班牙殖民探险的一切准备。这支大部分由外国雇佣兵组成，目标是加的斯，迦太基人仅在军官中占多数的军队一路沿着北非海岸向直布罗陀海峡进军。一支小型迦太基舰队连通了非洲和欧洲大陆，并保证了军队供给。刚满10岁的汉尼拔和他的兄弟一同跟在父亲哈米尔卡身边。童年时光随之戛然而止，人生的全新篇章就此翻开，熟悉的迦太基变成了异国他乡，意想不到的新机遇出现在眼前。对于汉尼拔和迦太基来说，即将迎来一段充满希望的时光。

汉尼拔的童年恰逢迦太基发生天翻地覆的变化。他早早地经历了对罗马战争的失败，以及由此对家乡政治版图带来的伤害。毫无疑问，之后的雇佣兵战争及撒丁岛遭到洗劫激发的愤慨给这位少年留下了不可磨灭的印象。然而，更重要的是，他自己的家人，特别是父亲哈米尔卡，作为决定性的政治领导者，与这一系列事件紧密相连。巴卡家族的命运与迦太基的未来交织在一起，而发展的机遇似乎就在西班牙。

第二章　青少年时光：寻找阿根索尼奥斯

　　希罗多德时代（公元前5世纪）以来，黄金国——地中海最西端伊比利亚人居住的盛产银和贵金属的那片土地——的传说，就和塔特苏斯（Tartessos）国王阿根索尼奥斯（Arganthonios）的传奇统治紧密相连（希罗多德Ⅰ163）。古代海民、腓尼基人、希腊人和迦太基人经常访问该地区并建立了贸易基地，与当地上流社会接触以保证商业发展的安全。

　　迦太基统治西西里岛和撒丁岛时，其军队不足以进行大规模的殖民扩张行动。在割让这些对于迦太基经济至关重要的岛屿后，哈米尔卡整合剩余的迦太基军事力量以开展突袭行动。

最紧迫的是支付罗马要求的赔偿金（4400塔兰特白银），以避免给这位新霸主进一步的反迦太基行动提供借口。

哈米尔卡的西班牙探险队还有一个目标。这位意志坚定且野心勃勃的迦太基战略家自然希望能在西班牙建立未来迦太基政权的新基地。在迦太基的漫长历史中，这是迦太基军队首次在欧洲大陆作战，其使命便是征服或有效控制南部主要经济区，特别是韦尔瓦（Huelva）和卡斯图罗（Castulo）。他们十分出色地完成了任务，哈米尔卡也很快就巩固了迦太基在该地区的权威与地位。在意识到自己军事力量的局限性后，他没有以征服者的身份来到这里，而是选择了和平外交的方式，寻求与当地统治阶级的可持续性合作。只有这样才能保证迦太基人长期生存的稳定性并维持其影响力。

哈米尔卡可能在卡斯图罗矿区附近建立了一座新城市——阿克拉－卢克（Akra Leuke），这显然引起了罗马人的不安。他们派出元老院使团来到西班牙调查迦太基的殖民情况并询问未来计划（公元前231年前后）。哈米尔卡被允许在自己的新住所接待他们，以消除罗马人的怀疑。他郑重申明在西班牙的行为不仅服务于迦太基人，也是出于对罗马经济利益的考量（更快地偿还战争赔偿金），这显然成功说服了罗马使者（卡西乌斯·狄奥 XII Frg. 48）。年轻的汉尼拔目睹了这次会面，这也是他第一次直接感受到罗马的强大。

几年之内，哈米尔卡就成功地控制了西班牙南部的几个重要经济中心，今天的西安达卢西亚地区（Westandalusia）和瓜达尔基维尔河（Guadalquivir）中下游沿岸土地都在他的控制之下。接下来则是要着手控制东安达卢西亚。这片位于瓜达尔基维尔河上游与塞古拉河（Segura）之间直至地中海海岸的区域成为已经征服的土地天然的地理政治界线。

据称，汉尼拔自抵达西班牙之后主要居住在加的斯。这座大西洋沿岸的腓尼基城市以城中的麦勒卡特神庙闻名于世。港口与腹地肥沃土壤的组合总能让汉尼拔想起自己的家乡迦太基。在这里他接受着迦太基精英的教导。伴随他一同来到西班牙的老师包括卡里阿克特的塞利努斯（Silenos von Kaleakte）和斯巴达人索西卢斯，汉尼拔向他们学习希腊教育体系中的经典课程（修辞学、数学、文学等）。其他迦太基老师的姓名并没有被记录。汉尼拔本就会说布匿语、希腊语和一些北非方言，现在他学会了伊比利亚语，之后又学习了拉丁语。汉尼拔的阅读材料可能是当时极受欢迎的亚历山大文集或是伊庇鲁斯的皮洛士（Pyrrhos）的回忆录。而汉尼拔的老师索西卢斯则很有可能引导他深入理解了克桑提波斯（Xanthippos，斯巴达人，第一次布匿战争中迦太基人的救世主）的军事著作。汉尼拔对赫拉克勒斯（Herakles）的神迹报道十分感兴趣，特别是牵回革律翁的牛群的故事，就发生在自己新家附近的地区。这位走遍世界的大力士击败了长着三具身体的巨人革律翁，并赶着他的牛群经过西班牙，横穿高卢前往意大利。在那里，赫拉克勒斯又严惩了小偷卡库斯（Cacus）。考虑到其后历史的走向，我们可以想象这个故事一定深深地印在了汉尼拔的脑海里。

关于汉尼拔在历史舞台上的初次登场，有

一份极具传奇色彩的报道。整个场景充满戏剧元素。9岁的小男孩在父亲的鼓励下宣誓，永远不会忘记对罗马人的仇恨（波里比阿 III 11；李维 XXI 1）。这绝对不是史实记载，而是由忠于罗马的作家日后创作，为的是强调巴卡家族对罗马的复仇之心有多么强烈（瓦莱里乌斯·马克西姆斯 IX 3，2 描写了哈米尔卡如何以推翻罗马为目标，将他的儿子们当成幼狮一样来教导）。从这一角度看，第二次布匿战争的爆发可以完全归咎于迦太基人。这段历史和其他很多有关汉尼拔的趣闻逸事都不是基于真正史实的记录，而是在时局利益推动下完成的创作。它们真正告诉我们的是，心虚的罗马人为了掩盖自己在战争中的责任而指责迦太基人，特别是汉尼拔。

另外，可以确定的史实是，哈米尔卡这位天才儿子，除了自己的日常课程，在很小的时候就全面地了解了军事艺术。汉尼拔偶尔会随父亲参加镇压伊比利亚人民的军事行动，在战场上用自己的双眼感受这片土地及其居民的不同之处，更重要的是从父亲不知疲倦的工作中汲取了宝贵的经验。军事行动规划、与外国人谈判、签订条约、赢得采矿特许权、建立军事基地、接待使团、招募雇佣军并保持他们的精神状态以及和迦太基国内政敌周旋——这些以及其他许许多多的技巧都是汉尼拔通过在父亲身边观察牢牢掌握的。他学习的不仅是书本上的理论，更有日常管理工作的实践经验。

公元前229年，哈米尔卡在一场围攻西班牙城市赫里克（Helike）的战役中意外去世。当时只有18岁的汉尼拔已经是一位经验丰富的战士。他的姐夫哈斯德鲁巴接替哈米尔卡成为新的统帅，并任命汉尼拔为一支特遣队的队长。关于这一年的信息我们所知甚少，因此无法断言汉尼拔是立刻还是推迟了一段时间才接受了这一职务，因为他有可能先回迦太基度过了一段时间，直到哈斯德鲁巴再次征召他回到西班牙（公元前224年）。汉尼拔领导的是一支完全由努米底亚骑士组成的骑兵队，并在哈斯德鲁巴任期内得到了士兵们的广泛好评。但具体由他指挥的军事行动有哪些我们无从得知。

父亲留下了许多未竟的事业。哈米尔卡的最

后一次军事进攻——对塞古拉河上游城市赫里克[今埃尔切－德拉谢拉（Elche de la Sierra）]的围攻，就表明了迦太基人进一步行动的方向——控制东安达卢西亚的沿海地区。在哈斯德鲁巴的指挥下，这项任务圆满完成，此外还建立了一座新的城市——新迦太基（Carthago Nova），即今卡塔赫纳（Cartagena）。

新迦太基的建立代表着哈斯德鲁巴为当时迦太基最重要的领地东安达卢西亚打开了一扇通往世界的大门。这座城市拥有西班牙地中海沿岸最好的港口，能够容纳大量战舰并且比加的斯更靠近迦太基。此外，这里还因靠近银矿、利坚草（植物，主要用于制造船用绳索）场以及渔场而拥有重要的经济价值。新迦太基作为巴卡家族在西班牙实力的象征，在未来将扮演举足轻重的角色。

随着新迦太基的建立，迦太基人将西班牙的发展重心转移到了地中海沿岸。最重要的行政总局以及军队总部都迁入该市。就像哈米尔卡建立阿克拉－卢克一样，罗马人再次变得焦躁不安，并派出了一个代表团前往西班牙。他们要求哈斯德鲁巴保证在未来限制自己的军事力量。显然，他们希望将新迦太基的势力中心限制在科拉（Chora，内陆地区）。

人们普遍认为这次交涉的结果是签订了《埃布罗协议》，但在我看来，这是错误的。正确的应该是签订了《哈斯德鲁巴协议》（波里比阿 II 13）。签订这份协议的主要原因极有可能是新迦太基的建立，而不是在当时看来完全抽象的界线划分（以今天的埃布罗河为界），因为这根本不符合当时迦太基实际的势力扩张范围。此外，还有另外一个证据。当罗马人看到迦太基人新建的港口时，他们认为这是对撒丁岛和西西里岛的威胁。他们将执政官的数量增加了一倍，来加强自己新领地的防御。因此，罗马人当时意在削减对手在新迦太基城北部领地的势力。

《哈斯德鲁巴协议》的内容是保证迦太基不会越过伊比河（Iber）进行军事活动。这条河划定了迦太基在其领地北部的军事行动范围，它应该是一条位于西班牙南部、新迦太基城附近的河流，最有可能的就是今天的塞古拉河。对于这个猜测还有一些重要的线索。没有任何一份古代资料显示《哈斯德鲁巴协议》中的河流就是今天埃布罗河；反之亦然。而且，相关的作者（波里比阿、李维、阿庇安）都指出这是一条位于萨贡托（Sagunt）南部的河流。

波里比阿对下一个事件的记述清楚地说明了这一点。他这样写道："如果将对萨贡托的进攻视作战争的起因，那么我们就不得不承认迦太基人的不正当性。他们不仅违反了路泰提乌斯条约——确保同盟国双方安全不受威胁，也违背了《哈斯德鲁巴协议》中禁止迦太基越过伊比河采取军事行动的条款。"（波里比阿 III 30,3）这句话的措辞很具有启发性，因为它表明了汉尼拔在进攻萨贡托之前必须越过《哈斯德鲁巴协议》划定的界河（伊比河）。在另一章节中（III 21, 1），波里比阿记述了在攻陷萨贡托之后，迦太基人对带来战争最后通牒的罗马代表团的反应。他这样写道："你们（迦太基人）已经完全违背了哈斯德鲁巴签下的协议，就如同这份协议完全不存在；或者，也可能是这种情况，这份协议对你们完全没有约束力，因为它是在违背你们意愿的前提下签订的。"这意味着罗马人根据《哈斯德鲁巴协议》中双方不得越界引战的条款，指责汉尼拔进攻萨贡托是对协议的违背，这也进一步说明《哈斯德鲁巴协议》中的河流位于新迦太基城和萨贡托之间。

此外，考古学发现也非常清楚地告诉我们，塞古拉河以北的地区并没有迦太基人的殖民地。迦太基人控制了被瓜达尔基维尔河与塞古拉河包围的封闭区域，就扩张而言已经非常成功（领土面积比之前的撒丁岛和西西里岛大四倍）；但在签订《哈斯德鲁巴协议》时，这片区域绝对没有被完全征服。人们将塞古拉河误认为埃布罗河，这不仅高估了迦太基的海外扩张效率，还莫名地彰显了罗马人的慷慨，这与他们一贯的吝啬风格完全不符。我们不要忘了他们针对撒丁岛的所作所为。

我们并不能确切地知道逐渐成熟的汉尼拔在哈斯德鲁巴的战略中扮演了什么样的角色，但我们仍可以通过他在军队中的受欢迎程度看出，他展现了非常高的军事才能。这为他加分不少，当哈斯德鲁巴（公元前 221 年）意外去

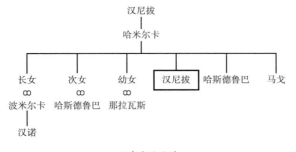

世时，迦太基军队推选他作为继任者。迦太基
公民大会立刻予以批准。就这样，26 岁的汉尼
拔成为迦太基最重要的军事将领。与他的前任
一样，汉尼拔接任利比亚和西班牙地区的统帅
（军事高级统帅）一职。迦太基最强的军事力量
及大量其他资源都在他的掌控之中。

　　哈斯德鲁巴的突然去世使统治出现了一段
真空期。就像哈米尔卡去世时一样，这次军队
又主动采取了行动。他们选择了一位希望之星，
而且他还是哈米尔卡的儿子，哈斯德鲁巴的妻
舅。在过去，马戈尼德家族（die Magoniden）
在迦太基的海外政治中发挥了关键的作用。自 3
世纪中叶以来则是巴卡家族，在西班牙的成功
凸显了巴卡家族的领导能力。

尽管如此，迦太基的共和主义特征并没有改变。哈米尔卡、哈斯德鲁巴和汉尼拔虽然拥有极大的权力及极其广泛的职权，但他们只是执政官，即以迦太基之名代人民进行统治。

哈斯德鲁巴和汉尼拔通过获得军队的支持，在西班牙民众中树立了统治者的形象，利用自己的成功和威望增强了其合法性，像继任者一样建立新城甚至发行货币，在独立于本土迦太基的西班牙逐渐建立起由巴卡家族掌控的独立王国的雏形。尽管偶尔会出现紧张局势，但巴卡家族与迦太基之间总能保持利益平衡。有关西班牙的决策会寻求迦太基的确认，以互相协商为原则，共同做出重要决定。迦太基委员会

巴卡家族的西班牙铸币

的成员也追随汉尼拔。当反抗罗马的战争最终爆发时，迦太基支持汉尼拔的每一次行动。反过来，汉尼拔也尽力而为，并在很长一段时间内为迦太基成功地避免了来自北非的战争。

第三章　从加的斯到萨贡托：西班牙发展策略

曾经的海上霸主迦太基在 20 年间成了西班牙地区的陆军强国，巴卡家族在其中发挥了决定性的作用。当汉尼拔接手迦太基在西班牙的最高军队指挥权时，他十分注重将身边出色的人才凝聚在一起。努米底亚骑兵队长、先锋队领袖马哈尔巴（Maharba），哈斯德鲁巴（Hasdrubal），萨莫奈人马戈或希米尔克（Himilko）——这些日后成名的军官，从一开始就是汉尼拔的左膀右臂。

除了强大的陆军之外，与最重要的伊比利亚王室家族的联姻也为迦太基政权提供了稳定的保障。正如哈斯德鲁巴所做的那样，汉尼拔也通过联姻迎娶了一位来自卡斯图罗的贵族女士。据传她的名字是伊米尔珂（Himilke），但这和汉尼拔是否有子嗣这个问题一样令人怀疑。无论如何，这种姿态促进了西班牙裔人民对他们领导权的认可，而这正是巴卡家族所期望的。

尽管汉尼拔因接管统帅一职成为众人瞩目的焦点，但我们对他个人依旧所知甚少。关于他的私人生活我们几乎一无所知。他本人究竟是谦逊、英勇、坚韧还是残酷，能刻画其本质的行为方式都只能从他的公开活动或他人对他形象的描绘中进行猜测。这里，值得一提的是波里比阿的一段展现其贪婪的描述，并声称马西尼萨（Massinissa）是见证人："两人（汉尼拔与萨莫奈人马戈）自青年时期起便在所有行动中忠实地支持对方，他们通过武力攻占或受降在伊比利亚和意大利攻占了很多城市，但是从未一起指挥过行动……这是为了避免因城市归属或是战利品分配而陷入争吵。"（波里比阿 II 25）在该章节的末尾，波里比阿又从中立的视角指出了这个评价的相对性："世人皆知迦太基人贪婪、罗马人残酷。"

自公元前 221 年起，汉尼拔的行动策略便与其前任保持一致。为了测试和保持当时主要由西班牙人组成的军队的力量和可靠性，他策划了一系列针对远离自己势力范围地区的军事行动。我们无法断言，他是否计划将卡斯蒂利亚高原（die kastilische Hochebene）的一部分和东海岸地区纳入迦太基的统治，尽管这个想法从迦太基人的角度来看是显而易见的。

最重要的是，这些军事计划是出于对迦太基国内政治因素的考量。哈斯德鲁巴去世后，巴卡家族的追随者在迦太基的地位岌岌可危。他们的对手为了打破其一段时间来压迫性的统治尝试了所有手段，剥夺汉尼拔的权力自然是其中的一部分。在这种情况下，在西班牙的军事成功将会起到很大的帮助作用。年轻的将军汉尼拔仍旧是一张白纸。当我们回顾他的一生，必须强调在当时（公元前 221 年）他还不是那位广受好评的、杰出的军事家。他必须首先向世人展示他能够做到什么。因此，他只能通过军事胜利来展现自己的能力，并以此来保证自己是迦太基在西班牙的代言人。与此同时，他还可以将取得的战利品用于疏通迦太基国内的政治关系。只有这样才能加强巴卡家族支持者在迦太基的地位，并让巴卡家族的反对者闭嘴。

公元前221年夏天，汉尼拔出征与生活在塞古拉河上游的欧尔卡德斯人（Olcaden）交战。通过周密的计划以及积极的贯彻实行，最终以征服阿尔塔亚（Althaia）为这次征战画上了圆满的句号。汉尼拔在这场战争中快速把握战机、坚决实施战略的行军方式正是他日后作战的标志。接着，他率军前往新迦太基过冬。在那里，他向军队发放军饷以保持其凝聚力，并为第二年的征战做好准备。

公元前220年春，汉尼拔率领军队沿着古老的银色水路——从西安达卢西亚一直延伸到卡斯蒂利亚——向瓦凯伊人（Vaccäer）的定居地杜罗河（Duero）中游地区行军。他成功突袭了赫尔曼迪卡［今萨拉曼卡（Salamanca）］，虽在阿尔巴卡拉［今托罗（Toro）］遭到猛烈抵抗，但最终还是一举将其拿下，并取得了丰厚的战利品。回师南方途中，迦太基部队在托莱多河（Toledo）附近被卡尔培塔尼人（Carpetaner）伏击。这个定居在塔古斯河（Tajo）中游的部落先前为汉尼拔大开绿色通道，现在却有了别的打算。这次交锋最终演变成一场大战，与汉尼拔同行的战象部队以及训练有素的努米底亚骑兵都投入战斗中，成功地击溃了卡尔培塔尼人。汉尼拔也在这场战役中第一次真正向世人展示了他的军事才能，即使是在逆境中也能通过出色的战术构想赢得胜利。

当汉尼拔在公元前221年成为迦太基在西班牙的统帅时，萨贡托并不存在矛盾。由哈斯德鲁巴定下的分界线也确定了塞古拉河是长期以来迦太基军事行动的边界。当时萨贡托人并没有因为迦太基领导层的变化而感到震惊，而汉尼拔在上任之初也并没有针对萨贡托的战略意图。但是对欧尔卡德斯人、瓦凯伊人和卡尔培塔尼人的军事行动在西班牙人中引起了轩然大波。虽然这些远征的主要目的在于探索与掠夺（并没有吞并），但汉尼拔与瓜达尔基维尔河及塞古拉河北部的部落签订了同盟条约，这仍旧造成了政治格局的突变。他当然有权力这么做，这并没有违反《哈斯德鲁巴协议》。西班牙中部的许多民族（卡尔培塔尼人、欧尔卡德斯人）和东海岸的民族［奥雷塔尼人（Oretaner）、康泰斯塔尼人（Contestaner）、埃德塔尼人（Edetaner）、凯尔特特布雷达人（Turboleten）① 等］都被迫承认了汉尼拔成为迦太基势力的新代表。直至此时，特布雷达人才和其他种族一起第一次成为迦太基人的盟友。这样的体系并不陌生，在迦太基人曾经统治的西西里岛上，他们也和自己势力范围外的城市与人民保持着盟友关系。

西班牙政治版图上的突变使与特布雷达人存在矛盾的萨贡托人开始向外寻找盟友。罗马向其伸出了橄榄枝，萨贡托人也相信在这位强大同伴的保护下，自己可以对抗特布雷达人和汉尼拔。罗马与萨贡托之间的关系绝不是在公元前 220 年才变得亲密，但我们并不清楚其具体形式。很有可能两者之间存在一份协议，当

---

① 其聚集地为 Turda，具体位置不详，但一些考古学者认为其地点为现在的西班牙特鲁埃尔（Teruel）附近。（如无特别说明，本书页下注均为译者注。）

萨贡托遭到袭击时，罗马有义务提供帮助。但在这座城市最危险的时候它并没有生效，这一事实也让萨贡托人在罗马守护下高枕无忧的美梦彻底破灭。

萨贡托事件最初只是伊比利亚内部矛盾。萨贡托人与邻近部落——迦太基盟友特布雷达人发生冲突，而对方向汉尼拔寻求帮助，后者又将战争的责任归咎于萨贡托人。汉尼拔与萨贡托之间的冲突是未来迦太基在西班牙策略的试金石。如果汉尼拔放任萨贡托人，会给其他西班牙人留下他惧怕对抗罗马的印象，这样那些试图脱离迦太基控制的人也就同样拥有了安全的保障。对汉尼拔势力影响范围的干扰是他难以容忍的。放弃对萨贡托的敌意意味着承认海外力量在西班牙的统治地位，迦太基人不愿意接受这样一种对自己权力诉求的打压与分割。随着公元前219年对萨贡托的攻击，汉尼拔明确向罗马人表示，迦太基不愿意再听由对方决定西班牙的政治规则。

年初汉尼拔率领一支军队从新迦太基出发，沿着海岸线越过塞古拉河前往西班牙东海岸中部的萨贡托。这座城市位于伊比利亚山脉与帕兰西亚湖（Palancia）之间的狭窄地带。第一次进攻失败后，汉尼拔将城市围得水泄不通。萨贡托顽强地抵抗了 8 个月，一直期待的罗马援军却始终没有到来。汉尼拔坚持围攻策略，最终在一次攻坚战中拿下城池，并允许自己的战士肆意掠夺。而后他将一部分战利品送回迦太基。汉尼拔在萨贡托的残酷统治对西班牙人起到了警示作用，也打消了他们加入反迦太基阵营的想法。

征服萨贡托之后（约公元前 219 年 12 月底），汉尼拔在西班牙的第三轮军事行动圆满完成。这座伊比利亚城市不仅具有重要的战略意义，土地也十分肥沃。迦太基通过对它的控制，将自己未来向北扩张的供给基地进一步前移。

自从汉尼拔成为统帅以来，这位迦太基人手中的战略资源稳步增加，来自西班牙的盟友数量也大幅增长。迦太基军队的规模不断扩大，其作战水平也提升到了新的高度。西班牙商品贸易量的增加和对众多矿山针对性的开采增加了迦太基的收入，仅位于卡斯图罗附近拜贝罗

（Baebelo）的一座矿井每天就能为汉尼拔带来300磅白银的收入。

一代人之前，当哈米尔卡经历了迦太基最严重的危机向新海岸出发之时，他的西班牙计划充满了不确定性。而现在，迦太基人在他儿子汉尼拔的领导下，已经可以享受所有这些努力带来的成果。由于巴卡家族的西班牙策略，迦太基再次成为地中海西部的一股强大力量。这一立场也代表着对抗任何敌对势力甚至是罗马。

罗马人是当时地中海西部最有权势的族群。罗马建国之初只是一个小国，在征服伊特鲁里亚（Etrurien）和拉齐奥（Latium）之后成为一个贵族共和国。不久之后，它的军事能力就增强到能够向整个意大利宣告自己的主权。几十年来，罗马一直与威胁这座城市的凯尔特人和萨莫奈人作战。但一次又一次，罗马人总会展现比对手更强大、更持久的力量。当罗马人战胜萨莫奈人后（公元前295年），在意大利已经没有能够让其畏惧的对手了。

罗马与其他意大利国家遵守着他们相互间

签订的协议，其他国家需要保证必要时向罗马提供军事援助。在这样的双边义务关系中，意大利盟友与罗马紧密相连，使其力量日益增强。虽然盟友各自的内部独立性未受到影响，但它们无法自主地进行外交活动。

罗马成功地通过了第一次重大考验，当时它在意大利的土地上成功击退了伊庇鲁斯国王皮洛士。公元前275年将对手赶出意大利后，罗马成了亚平宁半岛无可争议的霸主。

普鲁塔克的一段关于对抗皮洛士的描述充分展现了罗马元老院的形象及价值，其中故事的主角是阿庇乌斯·克劳狄·卡阿苏斯（Appius Claudius Caecus）："克劳狄虽德高望重，但由于年事已高且双目失明，已不再参与国事讨论。但当他了解到国王（皮洛士）的提议并听到元老院打算和平解决的谣言后，决定不再坐视不管。他让自己的仆人备轿前往元老院。当他抵达那里时，他的儿子和女婿出来搀扶着他进了元老院。元老院成员出于对他的尊敬保持安静。他走上前说道：'迄今为止，是你们罗马人让我失去了眼睛。现在我很遗憾，虽然已经失明，但我还不是聋子，因而不得不听到那些耻辱的提议和决策，践踏我们城市的光荣……’当克劳狄说完这些话，元老院成员又重新拥有了战斗的勇气。他们做出回复，皮洛士首先应该撤出意大利，然后才有讨论友谊与联盟的余地……否则罗马人会全力应战，如果他想像拉埃维努斯一样在仓皇逃跑中还不得不面对成千上万的敌人的话。"（普鲁塔克，Leben des Pyrrhos 18）这一片段生动地表达了罗马统治阶级的思想观点，并特别强调了其中的一个优秀品质：永不屈服。汉尼拔将要面对的就是这样一位对手。

第四章　罗马参战：一场世界级大战的爆发

关于第二次布匿战争的起因，波里比阿写道："罗马吞并撒丁岛后，哈米尔卡内心的愤怒与所有迦太基人的怨恨交织在一起，于是在他镇压雇佣兵暴乱保证了自己故乡的安全与和平之后，就将目标瞄准了伊比利亚，以期望在那里获得对抗罗马人的援助。这可以被认作第三个原因，我认为迦太基针对伊比利亚的政治策略是十分成功的。他们相信在那里即将取得的力量，因此他们对这场战争势在必得。"（波里比阿 III 10）

虽然在这段描述中波里比阿尽可能合乎事实地解释了战争爆发的原因，但它仍带有偏见。

根据这一逻辑，战争的爆发似乎是哈米尔卡出征西班牙的直接后果，而罗马在其中的作用却被大大弱化。

但人们也可以这样认为，迦太基与罗马之间的第二次冲突早在汉尼拔袭击萨贡托之前就开始了，而罗马人也以战争宣言作为回应。其起源可以从罗马人对迦太基在西班牙事务的干涉中找到蛛丝马迹。20年来，迦太基人在伊比利亚半岛稳步扩张。而在此期间，罗马人一直观察着这位老对手是如何在偿还战争赔款的同时还能额外积累一笔相当可观的财富的。

罗马人阶段性的视察与造访从未中断。自签订《卢塔提乌斯条约》以来，他们就开始以地中海西部地区的绝对霸主自居，插足当地政务。元老院使团审查哈米尔卡在西班牙的行动，正是罗马人自信的表现。罗马人也同样不信任哈斯德鲁巴，因为他进一步扩张了迦太基的势力范围。而哈斯德鲁巴也承诺会自我限制，并签订了一份相应的意向声明，但这仅限于其个人。

罗马人想要年轻的汉尼拔也这么做，迫使

他遵循罗马制定的规则。他们以战争为要挟，限制其活动范围。如果迦太基人想要制定他们与意大利人之间来往的规则，他们只需优先考虑罗马人的反应就可以了。但是，罗马人过度干涉了迦太基人在西班牙的事务。

这实际上是对权力问题的解答。罗马人究竟准备给予汉尼拔和迦太基多大的发展空间？然而，汉尼拔如何看待罗马人的行为在当时的局势下显得更为关键。当然，人们还可以换一个角度来理解这些争端。如果说西西里岛是第一次布匿战争的"金苹果"，那么曾经的交战双方现在又各自宣称拥有西班牙的主权。一方是希望在这里取得合法收益的迦太基人，另一方是一向追求至高权力的罗马人。这关系到西班牙及其蕴藏的财富，以及它对重建迦太基权力基础的重要意义。

这些就是罗马与迦太基冲突背后的基本事实。罗马已经不是第一次将自己卷入其他势力统治下的遥远国度的命运了，而其最终结果总是战争。公元前264年，罗马干预西西里岛而引发的第一次布匿战争就是很好的证据。而亲罗马派的作者如何呈现这些事件总是非常耐人寻味。请看接下来的这个例子："罗马人长时间以来对自己该做些什么一直犹豫不决，因为这可能与他们过往的作为前后矛盾。不久前，他们严厉惩罚并处死了自己的公民，因为他们发动叛乱，攻陷了雷吉乌姆城（Rhegina）。然而，在这之后，罗马人又立刻帮助那些以同样的方式侵犯了墨西拿（Messenia）以及雷吉乌姆的马麦丁人（Mamertiner），即使这看起来是一个无法被原谅的错误。他们也完全清楚，迦太基不仅拥有了整个利比亚，更占领了伊比利亚半岛的大部分地区，此外，撒丁岛及其附属岛屿以及第勒尼安海（das Tyrrhenische Meer）中的全部岛屿也都在其统治之下。如果再取得西西里岛的统治权，那么迦太基将成为罗马最危险的邻邦，因为其已经形成了对意大利的合围之势，这必然会是罗马人的心头大患。"（波里比阿Ⅰ10）

波里比阿对第一次布匿战争前局势的描写是完全错误的。这就是所谓的"汉尼拔之魂"（Hannibalgespenst），也就是说试图以包围圈理论证明罗马人入侵西西里岛是完全正当的。而公元前264年的实际情况与此完全不同。迦太基人在当时并没有西班牙领地，也根本没有进攻罗马的想法，而且他们已经在西西里岛定居了整整两个世纪。

当两代人之后（公元前218年）罗马再次与迦太基交战时，他们不可能预见到汉尼拔的能量、决心以及超凡的能力会使它成为一场古老的世界大战，其影响也是后人无法想象的。

然而，这些事件的古代记录者多为罗马人，他们为我们所描绘的导致战争冲突的原因都是偏向罗马而不利于迦太基的。当我们研究这些记述时，最先想到的总是对法律问题进行辨析，即遵守或违反条约，并以此界定战争责任。而实际上，这一切的本质是嫉妒、贪婪、恐惧、扩张的欲望、国家的独立、领土的争夺和统治。

从公元前218年的视角来看，法律责任对战争爆发的影响并没有那么重要。我们所了解到的违法行为，包括对罗马结盟城市的袭击及违反《哈斯德鲁巴协议》，都是日后为了使罗马人的行为正当化而提出的论点。至少在萨贡托事件后，罗马人已经决心在西班牙开战。而他们并没有立刻开始军事行动则与其他外交事务有关。此外，从罗马战争宣传的角度来看，较之于领土分界线遭到破坏，为遇难盟友复仇是一个更好的开战理由。总之，罗马人绞尽脑汁，试图使他们对条约的忠诚度与迦太基人形成鲜明的对比。

这种情况的不断升级在李维的一段极具戏剧性的独白描写中得到体现。这是一场被李维归于迦太基政治家汉诺之口的面对迦太基议会的演说："但是我讨厌这个年轻人（汉尼拔），他和这充斥暴怒与贪婪的战争一样让我感到厌恶。我认为我们不仅应该将他视为违约的抵偿，更应该将他送到海陆的尽头去，即使没有人提出这样的要求。我们必须将他带到一个他的名字和声誉再也无法干扰我们的地方，这样他就不能影响这个国家的稳定和生存。因此，我要求立刻派遣使团前往罗马，以满足元老院的赔偿要求，并差人通知汉尼拔从萨贡托撤军。根据条约，汉尼拔也应该被交给罗马人。"（李维 XXI 10，11-13）

这个场景是虚构的，其内容也非真实的历史陈述。李维声称是迦太基内部的政治斗争导致叛国，这是对事实的扭曲，因为没有任何其他证据表明迦太基想要引渡汉尼拔。由于迦太基内敌对派系的存在，罗马人借此巧妙地为其战争宣传设计了一段故事，将战争责任都归咎于汉尼拔。就像这些亲罗马的作者所写，一旦迦太基内部出现分歧，那就意味着一大部分迦太基人像罗马人所想的那样，希望化解这次危机，甚至已经做好准备，要交出真正的战争推手——汉尼拔。类似这样的内容无疑是罗马人的宣传手段。然而，实际情况并非如此，波里比阿为我们提供了这段历史及冲突下一步进展的客观描述。虽然最终得到的是一个苦涩的结局，但汉尼拔在近 20 年的时间里一直得到家乡的无条件支持。

这之前发生了什么？当萨贡托人袭击特布雷达人时，汉尼拔宣称支持受迫害者是迦太基人的优秀品德。在对萨贡托采取实际行动前，他获得了来自迦太基的指示。尽管汉诺的支持者反对汉尼拔（可能李维有记述相关内容），但他仍被允许自主采取行动。虽然罗马人并不占理儿，但他们的使者仍企图恐吓迦太基人。罗马支持萨贡托的理由与汉尼拔帮助盟友特布雷达人完全一致。罗马人确实有权这么做，但他们在阻止迦太基人行使相同的权利。考虑到汉尼拔已经成长为一位坚持强硬政策而且冷酷无情的对手，让他屈服是不可能的。罗马人对西班牙的干涉在未来收益很小。因此，对迦太基人而言，战争所带来的风险很小，至少比单纯的妥协要小。

有趣的是，罗马历史学家李维为我们记述了一段汉尼拔在战争开始后向士兵们发表的演讲，他将罗马总结如下："这些毫无人性、傲慢无礼的人（指罗马人）想要统治一切、决定一切。他们擅自做出决定，要求我们和谁开战，和谁讲和。他们用山川划定界线，缩小并限制我们的活动范围，不准我们离开，但自己从不遵守这些界线。"（李维 XXI 44,5）

在与罗马之间的冲突达到顶点，或是更早一些时候，汉尼拔便开始为这场不可避免的战争做准备。交战双方各有优劣。罗马拥有更大的人口基础，这意味着它能够组建庞大的军队。此外，迦太基在上次战争败北之后交付的舰队使它拥有了无可争议的海上霸权。最后，意大利城市联盟的存在也进一步增强了罗马的军事实力。而迦太基如果能够充分利用罗马外交政策引起的各地区的分裂，也将拥有战争优势。罗马人对伊利里亚的干预招致了马其顿的敌意；在西西里建立行省时并没有明确叙拉古（Syrakus）的地位；意大利北部的凯尔特人长期以来也对罗马构成威胁。如果迦太基能够利用政治手段成功地点燃这些潜在冲突的导火索，将会令罗马面临巨大的压力。这些在汉尼拔考量之内的战术意图必将成为他未来外交努力的主题。从现在起，成立一个由自己领导的横跨地中海的反罗马联盟成了这位迦太基政治家的愿景。能否实现这一点完全取决于他的行动。

汉尼拔非常清楚，对抗罗马的最强武器就是对自己的力量充满信心。而这一切都源于军队的备战状态和作战效率。汉尼拔对自己的军队完全信任，军队就是他的家。由迦太基人、努米底亚人和西班牙人组成的精锐部队已经过多年的历练与提升并完全效忠于他。西班牙裔步兵团完全可以匹敌罗马军队，而努米底亚骑兵队则是罗马人的噩梦。著名的迦太基战象也具有极大的战略意义，前提是它们能够挺过漫长而艰苦的旅途。

可以想象，汉尼拔从凯尔特人对抗罗马的战争（公元前225～前222年）中总结了罗马军队的现状。罗马人以牺牲骑兵为代价，组建了具有压倒性优势的步兵军团。为了针对这一布阵，汉尼拔强化了骑兵队并将其作为主力。

攻陷萨贡托之后，汉尼拔回到新迦太基休整并在那里过冬。与此同时，他自己则为迫在眉睫的战争积极备战。一支伊比利亚部队被派往北非，相对地，非洲盟友则来到西班牙；而迦太基则得到了毛里塔尼亚雇佣军的增援。此外，他还下令，如果自己离开西班牙，则由他的兄弟哈斯德鲁巴指挥剩余的部队。

汉尼拔计划与部队一起向意大利进军，并在那里做出下一步决定。这无疑是古代军事史上最大胆、最精彩的战术规划之一。将战争带到对手国家的领土上，从地理上考虑这几乎是

"不可能的任务"，可一旦取得成功，就几乎代表着胜利了一半。汉尼拔一定想到了这一点，他的想法简直令人着迷。成功的关键在于计划的精确执行，而这么做的前提是针对所有可能性的细致准备。为了保证这支强大的军队能够在漫长而艰难的旅途中顺利行军且得到充分的供给，一切都要做好充分的准备。一个完善的补给运输计划在当时绝对是开创性的成就。武器与粮食都需要在行军途中完成补给。部队将通过大量不同的领地，甚至有些是敌对区，因此途中的行军安全必须得到保障。迦太基使节通过金钱或是武力威胁的方式使周边地区的人民臣服或至少保持中立。而与罗马的敌人——意大利北部地区的凯尔特人则达成合作意向，配合完成针对罗马的军事行动。

汉尼拔在新迦太基冬歇时完成了所有的准备工作（公元前 218 年 1 月至 4 月）。对任何细节他都一丝不苟。在动身挑战罗马人的西地中海霸权之前，他先去参观了位于加的斯的麦勒卡特圣坛。在西腓尼基人最著名的圣地，汉尼拔请求天神支持他的事业。这次精心策划的访问取得的象征含义是无与伦比的。腓尼基的麦勒卡特在其他文化中就是赫拉克勒斯。而这位大英雄有着一段著名的传说：他曾带着革律翁的羊群从加的斯出发，翻越阿尔卑斯山抵达意大利，并在那里惩罚邪恶的小偷。汉尼拔希望沿着赫拉克勒斯的足迹，让"偷窃成瘾"的罗马人为他们的罪行付出代价。请求赫拉克勒斯—麦勒卡特的帮助还传递了另一条信息。汉尼拔——这位随身携带着一个曾属于亚历山大大帝的天神雕像的将领，现在要为受到罗马压迫的腓尼基—希腊城邦发声，呼吁西西里和南意大利的希腊人以及马其顿人加入他的阵营。他的号召并不是没有效果。在第二次布匿战争期间，他得到希腊民众的支持。而罗马人对此做出的回应则可以在费边·皮克托（Fabius Pictor）的历史作品中找到，他以罗马为中心记述了这一系列冲突。汉尼拔不仅在政治和军事上挑战了罗马，更是在文化和思想上对它构成了威胁。

汉尼拔的这项任务越艰巨，完成时取得的荣耀也就越大。除了迦太基政治决定的总体方针，其中的个人动机也不容小觑。当汉尼拔做

汉尼拔在西班牙下令铸造的硬币（正面是赫拉克勒斯—麦勒卡特像）

出挑战罗马的大胆决定时，他对荣耀及声望的渴望自然起到了重要作用。

就像希腊历史学家希罗多德一样，李维仿佛也成了"华纳兄弟"的一员，他为开拔前的汉尼拔设计了一场"梦中旅行"，异常生动地描绘了汉尼拔的野心。其中，汉尼拔是在傲慢女神海珀利斯（Hybris）的引诱下越过了埃布罗河，而这在李维看来，已经注定了其悲惨的结局，胜利的天平永远不会向迦太基一方倾斜（李维 XXI 22, 6-9）。

罗马内部就对抗汉尼拔的策略也存在分歧，一些元老院成员呼吁要谨慎对待。昆图斯·费边·马克西姆斯（Quintus Fabius Maximus）身边的成员对于战争宣言的法律依据仍存在疑虑，此外他们也害怕与迦太基再次开战，并且认为科尔涅利乌斯（Cornelia）以及埃米利乌斯（Aemilia）家族选择的道路会带来极大的风险。而迦太基国内对此也有反对的声音。由巴卡家族确定的政治路线在汉诺及其支持者看来自然是眼中钉、肉中刺。毫无疑问，他们希望与罗马达成和解。而这一想法却显得那么不切实际。由罗马人的世界霸权诉求和巴卡家族的西班牙政策引起的利益冲突已经大大增加了爆发武装冲突的可能性。罗马对西班牙的武装干预就是一条通往战争的单行道。虽然罗马人的利益并未受到直接的威胁，但他们看到了巴卡家族在西班牙的崛起，这让迦太基实行强硬的海外政策再次成为可能。罗马人对迦太基的战争宣言表明，第一次布匿战争对他们造成了多么深远的影响，他们对本国的国土安全多么重视，而面对他国势力的崛起与威胁，他们又是多么不知所措。

第五章　新世代的亚历山大：从新迦太基到坎尼

罗马的海上优势及自身缺乏强大的舰队迫使汉尼拔选择由陆路出征意大利。这是一段化腐朽为神奇的道路。野心勃勃的他就像新世代的亚历山大一样，征服了沿途所有地区。当他离开伊比利亚半岛时，其北部地区也都在迦太基人的控制之下。公元前218年春，他带领一支由9万左右步兵、1万多骑兵和约40头战象组成的军队从新迦太基出发。在抵达萨贡托之后，他选择沿着伊比利亚山脉与大海之间的狭长海滨继续前进。为了能赶在冬季来临前翻越阿尔卑斯山，他不得不快马加鞭。然而，即使他没有进行任何大规模围攻，而只是选择使用突袭敌对城市或是以武力威吓敌对部落的策略，也仍然在北西班牙浪费了一些时间。在越过比利牛斯山之前，他对军队进行了重组，留下驻军以保护新征服的领地，遣返了忠诚度欠佳的士兵，并将一部分军队派给兄弟哈斯德鲁巴以补充战力。

带着重组的军队，包括约 4 万名步兵和 1 万名骑兵，汉尼拔向高卢进发。8 月底，他越过了罗讷河（Rhône）。其中最值得称道的是用木筏将战象运过这片宽广的水域，这对迦太基先锋们的临场应变能力提出了很高的要求。波里比阿对此写道："通过将两块木筏拼接在一起的方式，大部分随军动物被成功地运过河去。但仍有一部分战象由于惊恐跳入河中，虽然它们最终安全地走上岸，但赶象人都淹死了。战象拥有强壮的身体，并能将巨大的鼻子举过水面……尽管它们必须在水中走过很长一段距离，但它们仍能站稳。"（波里比阿 III 46）与此同时，罗马执政官普布利乌斯·科尔内利乌斯·西庇阿（Publius Cornelius Scipio）和提比略·森普罗尼乌斯·隆古斯（Tiberius Sempronius Longus）

拟定了一份作战计划。森普罗尼乌斯将与罗马主力部队一起转移到西西里岛，并从那里进攻北非，对迦太基构成直接威胁，而西庇阿则在北部战场为其提供掩护。

公元前218年9月，西庇阿在马塞利亚地区（今马赛）遇到了推进中的迦太基部队，但他无法阻拦其继续前进。了解到汉尼拔的野心后，他果断地选择撤回意大利，并将两个兵团留给自己的兄弟格奈乌斯（Gnaeus），让他进攻西班牙，以扰乱迦太基人的后方补给线。

一些怀疑论者的担忧现在变成了现实。汉尼拔拥有相当强大的战争潜力，并实现了整合化一；但罗马人分散了自己的力量。一支部队在南方，整装待发进军迦太基；另一支部队则在前往西班牙的路上；而意大利北部也迫切需要一支部队抵挡迦太基人。不过，罗马人还可以如此自我安慰，即使汉尼拔真的成功入侵意大利，那也意味着他的供给线将会拉得极长，而且前方部队与后方补给之间还隔了一座阿尔卑斯山。

汉尼拔翻越阿尔卑斯山的行为无疑让人

联想到亚历山大的军事成就，特别是他征服巴克特里亚（Baktria）的事迹。这一切虽早在古代就得到高度认可，但很多围绕其展开的传说故事使它显得有些虚幻。而现实则更加清晰明了，汉尼拔将自己的部队分成三个军团，分别沿迪朗斯河（Durance）、热内夫山（Mont Genèvre）和伊泽尔河（Isèretal）、小圣伯纳德山口（Sankt Bernhard）进军意大利。虽然迦太基军队在途中遭遇损失，但并不惨重，这一切都要归功于充分的准备工作。最糟糕的是战象，其中大多数没能在艰苦的行军和恶劣的天气中存活下来。在汉尼拔的后续作战中，它们扮演的也只是无足轻重的角色。然而，迦太基军队几乎在很短的时间内就恢复了作战能力。此外，汉尼拔还获得了罗马敌对势力凯尔特人的增援。在大约 5 个星期的时间里，他就从罗讷河流域挺进到了波河流域（Poebene），而这时已经 11 月了。

从新迦太基到意大利，近 6 个月的紧张行军让汉尼拔的部队筋疲力尽。汉尼拔决定先做短暂休整，然后沿着波河向帕辰察［Placentia，今皮亚琴察（Piacenza）] 推进。在那里等待他们的是西庇阿和两万名士兵。最终在提契诺河（Ticinus）畔爆发了这场战争的第一次战役，汉尼拔依靠骑兵的优势取得了胜利，罗马执政官西庇阿身受重伤。这是第一次布匿战争之后罗马和迦太基之间的第一次军事对抗。令人惊讶的是，迦太基人完全有能力在战场上抵挡可怕的罗马军队。这次战役如果失败，就意味着汉尼拔的探险之旅将提前结束。他比对手承担了更大的风险，但也赢得了最终的胜利。

提契诺河战役之后，西庇阿开始避免与汉尼拔发生正面冲突，至少是在另一位执政官森普罗尼乌斯放弃进攻北非带领增援部队赶到之前。迦太基的一个重要战略目标也应运而生：在北非战场拖住罗马人。森普罗尼乌斯反对西庇阿的建议，敦促其做出与汉尼拔作战的决定。

公元前 218 年 12 月，两军再次交战。汉尼拔灵活地运用战术，引诱处于不利境地的罗马人进攻。当罗马人越过特雷比亚河（Trebia）时，整个军团被团团围住，毫无还手之力。侧翼和后方部队被汉尼拔的骑兵击溃，只有中央军团杀出一条血路逃回了帕辰察。超过一半的罗马军队被歼灭，此外还有一大部分成为汉尼拔的战俘。对俘虏的区别待遇也值得深思。在严酷惩罚作为战俘的罗马公民的同时，汉尼拔将非罗马公民的意大利战俘遣送回家，并且没有勒索任何赎金。

不同的对待方式传达了一个明确的信息：汉尼拔希望意大利人将他视为罗马霸权国家的解放者。为了让人们对这一意图有更深的印象，他还派出使节，试图说服意大利人背叛罗马。汉尼拔非常期待这样的改变。如果得不到他们的支持，他的战略计划可能就无法取得成功。然而，意大利人对他仍抱有怀疑态度，与罗马的同盟关系也暂时维持现状。

尽管如此，公元前 217 年初，种种迹象都表明迦太基人可能会无功而返。而与之相对的是，罗马人的动员工作却十分成功。汉尼拔按照计划行动，在博洛尼亚（Bologna）度过了冬天。罗马人召集了新的军队，但他们不知道如何才能解除日益增加的威胁。入春后，汉尼拔向南行军，穿过亚平宁山脉后沿着阿诺河

（Arno）中游继续前进。他本人却在经过沼泽地区时病倒了，并因此失去了一只眼睛。

他在今天的菲耶索莱（Faesulae）停下了脚步，并命令军队对阿雷佐（Arretium）地区进行掠夺，以引诱正逗留在那里的罗马执政官弗拉米尼乌斯出击。草率的弗拉米尼乌斯在特拉西梅诺湖（Trasimenischer See）北岸与汉尼拔交战。罗马军队在一条狭长的沿湖通道上遭到迦太基人的伏击并被彻底击败。15000多名罗马士兵战死，这其中也包括弗拉米尼乌斯，同时还有超过1万人被俘。汉尼拔采用了一年前特雷比亚战役后对待战俘的方式。他把意大利人遣送回家，希望他们可以为迦太基的理念做宣传。之后他选择南下，前往亚得里亚海的皮塞嫩（Picenum）地区。自公元前218年春迦太基军队离开东西班牙海岸之后，地中海终于再次出现在汉尼拔的视野中。这之后，他又纵容军队抢掠了阿普利亚（Apulia）附近的肥沃地区。

一连串的失败之后，恐慌彻底笼罩了罗马城。一天又一天，元老院成员不间断地进行辩论。民众对于解决方案和取得胜利的呼声日益高涨，最重要的是，他们需要一位谨慎的战略家。昆图斯·费边·马克西姆斯承诺将不负众望，因此民众推选他为独裁官，组建临时政府，在有限的 6 个月时间内行使最高行政权。马尔库斯·米努西乌斯·鲁弗斯（Marcus Minucius Rufus）则以骑兵统帅的身份担任费边的助手。他与费边一样也曾出任执政官，并拥有丰富的军事经验。但他们两人在性格上有着极大的不同：费边温和谨慎，而米努西乌斯易怒且鲁莽。

首先，费边改变了罗马的战争策略。他的前任总是在对己方不利的地形上匆忙地和汉尼拔交战，最终输掉战争，而他并没有强迫自己与迦太基人正面交锋。他选择用时间来消耗对方，利用这些时间训练军队来提升士气，同时寻找下一次交战的有利时机。

与此同时，汉尼拔自由地穿越了阿普利亚和坎帕尼亚（Campania）。由于费边高挂免战牌，他可以肆意地抢掠那些富庶地区。而经过漫长等待之后，费边也终于等到了扭转战局的机会。在汉尼拔经过离泰阿诺（Teanum）不远的伏尔图尔努斯河（Volturnus）时，费边成功地将其包围并展开反击战。不过这一部署被对手机智地化解：汉尼拔在牛角上绑上火把并驱赶着牛群冲向罗马人的营地。把守隘口的士兵本应该防止迦太基人脱逃，却因此陷入恐慌，擅离职守和迦太基的赶牛部队作战。汉尼拔利用由此产生的混乱逃出了费边的包围，而费边则不敢在夜晚离开自己的营地与汉尼拔作战。不过这段历史是否真如文字记载的那样还有待考证（波里比阿 III 93-95）。然而，无论如何，它都凸显了汉尼拔作战的灵活性和费边的小心谨慎，后者也因此在历史书中被称为"拖延者"（Zauderer）。

对费边战术的质疑声越来越大。许多人认为他的助手——骑兵统帅米努西乌斯是更好的选择，因此他们地位上的差异日渐消失。米努西乌斯希望通过进攻来扭转战局。罗马军队的指挥权被一分为二。在杰罗尼翁（Gereonium）①附近，米努西乌斯向汉尼拔发起

① 也译作"吉鲁尼乌姆"，位于意大利中部山岳地区萨莫奈（Samnium），即今天部分属莫利塞大区的桑尼奥（Sannio）。

进攻。而汉尼拔十分清楚罗马军营内的紧张气氛，正面应战并将对手击败。若不是费边出兵为米努西乌斯的逃亡部队提供掩护，这场失败将会更加彻底。虽然费边的谨慎策略被证明是更好的，但从长远来看，罗马人并不满足于此。

费边的独裁统治宣告结束，他没有为这场战争带来众所期盼的突破。公元前216年，执政官盖乌斯·特伦提乌斯·瓦罗（Gaius Terentius Varro）和卢基乌斯·埃米利乌斯·保卢斯（Lucius Aemilius Paullus）决心调动一切力量做出改变。罗马历史上第一次建立了一支由8个军团组成的军队，其中包括从罗马同盟者那里招募的士兵。整体对比来看，罗马方面约有9万人，而迦太基约有5万人。此前从未有过一场战役动用过如此之多的兵力。

汉尼拔关注罗马城内的事态发展，并为不可避免的战斗做着准备。他占领了奥菲杜斯河（Aufidus）畔的罗马营地坎尼（Cannae），这片地区地势平坦，有利于迦太基骑兵摆开阵形。他十分清楚罗马军团不可阻挡的冲击力，尤其是当他们按计划冲锋时。为了取胜，他不得不

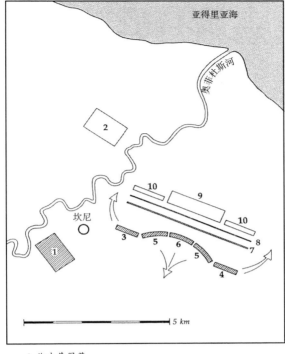

1. 迦太基军营

2. 罗马军营

3. 迦太基重装骑兵队

4. 迦太基轻装骑兵队

5. 迦太基非洲步兵军团

6. 迦太基伊比利亚、高卢步兵军团

7. 迦太基轻武装部队

8. 罗马轻武装部队

9. 罗马军团

10. 罗马骑兵队

兵出奇招。因此，他正对着罗马阵线中央摆出了一个向前凸出的由西班牙人和高卢人组成的半圆形步兵队列。他们的任务是抵挡罗马人的猛攻并有序地撤退。汉尼拔自己也留在了战斗部队中，他们将面对的是对手最强力的冲击。而攻击则由北非部队从侧翼展开，骑兵在其中起着至关重要的作用。来自努米底亚、西班牙和高卢的骑兵必须击败罗马骑兵，并从后方包抄罗马军队。这个计划能否成功取决于他们的表现。

战斗当天（可能是公元前216年8月2日），汉尼拔的策略起到了效果，迦太基人成功了。罗马军队被包围击溃，他们甚至没能组织起有效的抵抗。罗马人损失惨重，据说超过7万名战士战死，包括执政官卢基乌斯·埃米利乌斯·保卢斯。超过1万名罗马士兵被迦太基人俘虏。只有少数人设法逃脱，执政官盖乌斯·特伦提乌斯·瓦罗也在其中。相对而言，汉尼拔的损失就小得多。

罗马军团不败的神话被打破。通过成熟的战略部署和巧妙的战术运用，汉尼拔展示了如何战胜在数量上有明显优势的对手。

汉尼拔是众神的宠儿？迦太基的守护神更强大？面对他如此巨大的成功，这些问题必须得到解答，更何况罗马史学家一直在指责他不信教（李维 XXI 4）。坎尼战役后不久，汉尼拔和马其顿宣誓结盟，这份盟约透露了对汉尼拔行为的宗教肯定。我们可以在盟约中读到："在宙斯、赫拉和阿波罗面前，在迦太基的守护神赫拉克勒斯和伊奥劳斯（Iolaos）面前，在阿瑞斯（Ares）、特里同（Triton）和波塞冬面前，在那些与我们共同奋战的神灵面前，在太阳、月亮和大地面前，在河流、港口和海洋面前，在所有掌管迦太基的众神面前，在所有统治马其顿和其他希腊地区的天神之前，在所有陪伴我们征战的众神之前，大家都见证了这份誓言。"（波里比阿 VII 9）

坎尼战役是罗马历史上最黑暗的一天，这是一场彻底的失败。罗马人现在在意大利已经没有可以一战的军队了。汉尼拔登上了权力巅峰。据说，在这位常胜将军召集的作战会议中，一部分军官建议他进军罗马。迦太基骑兵指挥官马哈尔巴曾说："你知道如何取得一场胜利，汉尼拔，但你不知道如何利用它！"（李维XXII 51）这句话虽流传甚广，但其真实性仍有待考证。

但汉尼拔有不同的计划。他并没有在战局和心理都最占优的时刻进军罗马，这可能是他在整场战争中犯下的第一个也是最致命的错误。也许是对萨贡托旷日持久的围攻仍心有余悸，又或许汉尼拔认为他的军队不足以完成这项任务，这我们已经无从知晓。但是从未尝试进攻可能是一次灾难性的不作为，也最终给汉尼拔带来了苦果。事实上，其他规模相仿的部队都接受了这样的挑战并顺利地完成了任务。例如，若干年后克劳狄乌斯·马塞勒斯攻占叙拉古就证明了这一点。他带领的军队并不比汉尼拔在坎尼战役中指挥的部队更强，而叙拉古的防御工事更坚固，比罗马更难攻破。费边·马克西姆斯攻下塔伦图姆（Tarent）也是一个很好的例子。但这都只是基于坎尼战役的过程和结果得出的片面观点，其主要论点如下：正面进攻的罗马军团在数量上占据绝对优势，而汉尼拔则以灵活的战术与之抗衡，其特点是机动性和对地形的充分利用。相对于罗马的巨大损失，迦太基方面损失较小，但汉尼拔并不敢利用这一有利时机。他给了罗马喘息的机会，放弃了几乎已经到手的胜利。从现有的无论是古代还是现代作者的陈述中，都可以得到与之相应的论点。问题是，这一切是否与历史实情一致。在任何情况下，针对我们讨论的事件及其导致的后果，都不会只有一种解读，而是存在不同的声音。对坎尼战役的主流看法是，这对于汉尼拔而言是一场压倒性的胜利，却因为他的犹豫不决而最终败北。正如人们声称的那样，汉尼拔本可以在罗马军队溃败之后一举拿下罗马城，结束战争。但他并没有这么做，据此可以认为汉尼拔虽是一名军事鬼才，却也只是一位没有政治远见并最终败下阵来的老兵。此外，巨大的失败使罗马的最终胜利更为耀眼，它好似一种独一无二的存在，不仅能够承受如此巨大的冲击，而且有能力反败为胜。

另一个似乎更接近真实历史的解读则对坎尼战役的影响范围有更清楚的判断。虽然汉尼拔取得了辉煌的胜利，在战场上证明了自己，但罗马的惨败仍是以迦太基军队巨大的损失为代价换来的。汉尼拔的损失比两军战力间明显的纯数字比较要大得多。坎尼战役这场大规模军事冲突之后，迦太基的军事实力也遭到了削弱。汉尼拔已经无法继续实行原有的主动进攻策略。他没有选择进攻罗马，一方面表明了其军队战力遭到削弱；另一方面则是他对情报进行评估得出的结论。他认为这样鲁莽的冒险并不会带来胜利。汉尼拔在坎尼战役之后积极寻求政治解决方案，这并不是一位门外汉的拙劣表现，而恰恰相反，即使情势所迫，他仍试图找到最佳的出路。赢得新的盟友为他创造了必要的喘息机会（李维 XXII 61）。坎尼战役后不久，罗马人也被迫将新组建的军队拆散成小部队，同时派往不同的战线。而此时，迦太基人不必再单独承担战争的压力。汉尼拔一开始所追求的对抗罗马的理想战争形态取得了成果。而这也使他能够兑现自己的政治和军事誓言：将战争带到意大利的土地上去。这一目标的实现使北非免受战争之苦；而对于汉尼拔来说，当他作为一个孩子目睹了反叛雇佣军对迦太基的围困时，其意义远不止这一次战略目标的完成。

如果汉尼拔以为罗马会因为坎尼之战中的溃败而准备和解，那么他就大错特错了。即使有一场酣畅淋漓的大胜指引方向，他仍然没有直接进攻罗马，而是间接地削弱对方，这样的战术有其更深层次的考量。在坎尼战役胜利的影响下，属于萨莫奈人、卢卡尼亚人（Lukanien）、布鲁提乌姆人（Bruttien）和阿普利亚人（Apulien）的一部分城市加入了迦太基一方。特别重要的是，意大利第二大城市、位于亚平宁半岛土地最肥沃的坎帕尼亚地区的卡普亚（Capua）也选择脱离罗马，加入汉尼拔的阵营。

政党变化往往和国内政局改变以及社会斗争相关。受罗马霸权影响而在政治、经济和社会中处于不利地位的人纷纷转投汉尼拔。

但即使是在他最成功的时刻，汉尼拔也清楚地意识到罗马的颓势很快就将结束。拉丁人、伊特鲁里亚人（Etrusker）、萨宾人

（Sabiner）、翁布里亚人（Umbrier）、皮切诺人（Picentiner）以及大多数坎帕尼亚人仍旧忠于罗马。而重要的港口城市那不勒斯也拒绝了汉尼拔一次又一次的招降。

自汉尼拔到达意大利以来，他赢得了四场胜利（提契诺河战役、特雷比亚战役、特拉西梅诺湖战役、坎尼战役），而且最后一战对于罗马人而言是毁灭性的，但罗马人并没有屈服。至少在当时他们仍坚信，这座位于台伯河畔的城市（Tiberstadt）的政治力量不会因军事失败而被击垮。

离开新迦太基之后不到两年的时间里，汉尼拔的事迹令世界震惊。无论是大自然还是那个时代最强大国家的军事力量，都无法阻挡他。这些前所未有的成功对他个人又有何影响？是否改变了他？类似这样的问题都很难得到解答，因为古罗马的作者们几乎没有记述这位让全世界屏息凝神的将领的个性。我们不清楚，他是如何看待自己失去了一只眼睛的，或是在坎尼战役大胜之后他表达了什么样的感受，抑或他多年来是如何忍受常人无法想象的巨大压力的。

我们仅有的信息总是和他的公开活动有关。那些对他的描述或是指责都将他视作一位军事将领（普鲁塔克，Leben des Fabius Maximus 15，16）。波里比阿如此赞扬汉尼拔的成就："罗马与迦太基之间所发生的一切都由这个男人负责，汉尼拔，他有着无比的才智和坚韧的意志。他在意大利赢得了优势；西班牙的事务都交由他的兄弟哈斯德鲁巴和马戈；在西西里岛，则先后由希波克拉底（Hippokrat）及其兄弟和利比亚人米托诺斯（Myttonos）代理。他还以同样的方式影响着希腊和伊利里亚。他从那里威胁着罗马人，让他们陷入恐慌，并通过与腓力的合作来分散他们的注意力。他就是这样一位如此伟大和令人钦佩的人，并且能够把上天赐予的天赋转换成无与伦比的能力。竭尽人之所能，达成自己设定的一切目标。"（波里比阿 IX 22）

这位非凡的常胜将军在和亚历山大相仿的年纪令骄傲的罗马战栗，而那位大帝曾多次击败并最终征服波斯。然而，在坎尼之战之后，迦太基人与马其顿人的发展却完全不同。不像亚历山大占领了庞大的异国领土〔波斯帝国、苏萨（Susa）和波斯波利斯（Persepolis）]，汉尼拔并没有作为胜利者进入罗马，而罗马也没有成为第二个波斯帝国。

汉尼拔是为了迦太基的独立而战。他试图效仿古希腊城邦的政治制度，通过创造各方势力间的平衡，使几个相互竞争的政体同时存在，从而阻止一个全能的霸权国家出现。事实上，罗马断然拒绝受到这样的束缚。而这一点是汉尼拔在坎尼之战后才体会到的。在自己成功的顶峰才有所领悟，对他而言可能为时已晚。一个极具启发性的悖论很好地阐释了这一情况：罗马从未如此接近深渊，而属于汉尼拔的胜利却远在天边。

第六章　汉尼拔兵临城下：罗马开始反击

罗马执政官特伦提乌斯·瓦罗在坎尼被汉尼拔彻底击败。根据李维的说法（XXII 61,14），当他在战后回到罗马时收到了如下的通告："即使在这危机时刻，执政官铩羽而归，公民们依旧展现了他们崇高的品质。尽管很多人认为执政官要为失败承担大部分责任，但依旧感谢他没有放弃这个国家。而迦太基的将领则会受到各种惩罚。"

这份回顾性的报告除了描述场景的悲凉外，还记录了一个无可否认的事实：罗马人骄傲的自我意识。坎尼之战过后，罗马人并没有完全放弃抵抗。相反，他们开始将自己带入罗马历史学家描绘的氛围。读者们感受到的是罗马非凡的气量和在危急情况下的团结一致，以及迦太基的微不足道。这段时期内，罗马政界的平静与其所支撑的困境之间形成了鲜明的对比。

事实上，坎尼之战带来的恐慌迅速在罗马扩散。人们对即将出现在罗马城外的汉尼拔感到无比害怕。绝望、喧闹、宗教狂热、盲目的愤怒以及迷信活人祭祀带来的恐惧（值得注意的是，被献祭的是外国人），统治着整座城市。

然而，失败的痛苦也让罗马人不断反思。在汉尼拔兵临城下的冲击下，国内政治争议被搁置一旁，各阶层之间的联系越发紧密。从这一刻起，元老院与民众表明决心，展现了从未有过的团结。元老院推选的高级指挥官普遍得到了人民的支持，挑选标准也是轻政治重军事。久经考验的昆图斯·费边·马克西姆斯以及后来的马尔库斯·李维乌斯·萨利那托尔（Marcus Livius Salinator）再次得到任用，逐渐成熟的人才如马尔库斯·克劳狄乌斯·马塞勒斯、昆图斯·弗尔维乌斯·弗拉库斯（Quintus Fulvius Flaccus）、盖乌斯·克劳狄乌斯·尼禄（Gaius Claudius Nero），尤其是年轻的普布利乌斯·科尔内利乌斯·西庇阿都开始为国家贡献自己的力量。一切可以想到的资源——无论陆地还是海洋——都被调动起来，再次展示了罗马巨大的军事潜力。

坎尼之战后一年，一支由近 20 个军团组成的部队再次被集结起来。这台强大的战争机器绝不会在毫无准备的情况下以傲慢的心态草率地加入战斗。因此，指挥官在战略上达成一致：尽量降低自身风险，以谨慎的策略对抗汉尼拔，正如费边之前所做的那样。

凭借军队巨大的数量优势，罗马人能够在意大利多线作战。罗马中央军紧随汉尼拔的脚步，任务是在避免正面交战的前提下限制对手的行动空间。而其他罗马军队则去攻击迦太基人的新盟友，或阻止罗马军事同盟国数量进一步减少。

从长远来看，只有当汉尼拔能够从迦太基和西班牙获得足够的供给时，他才能继续留在意大利。第一种可能性因为罗马海军的巨大优势难以实现。罗马人为了阻止第二种可能性——来自西班牙的援助——发生，不得不在西班牙加大兵力投入。

早在公元前218年夏天，格奈乌斯·科尔内利乌斯·西庇阿（Gnaeus Cornelius Scipio）就带领一支军队在西班牙东海岸的比利牛斯山附近登陆，并与敌人发生了一些小规模的武装冲突。迦太基人没有能够成功赶走罗马人。就像汉尼拔希望通过自己在意大利的行动打破意大利联盟一样，西庇阿也试图在西班牙通过炫耀武力来破坏西班牙人和迦太基人之间的联系。这首先影响了具有重要战略意义的北西班牙沿海地区。因为迦太基人对这里的控制并不长久，罗马人得以成功地驻扎下来。

第二年，一场海战在埃布罗河入海口爆发。马赛人站在罗马人一方，他们一起成功地将迦太基人赶出了西班牙北部。西庇阿兄弟（这意味着前执政官普布利乌斯·西庇阿也被派往西班牙）正尽一切努力来切断迦太基与身在意大利的汉尼拔之间的供给线，在这一点上他们做得非常成功。汉尼拔的兄弟哈斯德鲁巴——西班牙的最高军事指挥官对此无能为力。总体而言，战争前两年，西班牙的战况与意大利主战场完全不同。当汉尼拔在意大利一次又一次地以弱胜强时，西庇阿兄弟也在西班牙建立了罗马基地，并成功地拖住了迦太基军队的行动。

西庇阿家族逐渐成为公众的焦点。类似于迦太基海外发展的代表巴卡家族，西庇阿家族的成员从此刻起成了罗马在西班牙的门面。切断西班牙为汉尼拔提供的部分供给线并最终为罗马攻下这里，这一切都是西庇阿家族的功劳。

战争转入僵持阶段，汉尼拔绝不会没有注意到这一点。但只要自己仍能够不受阻碍地逗留在敌人的领地上，同时迦太基能保证稳定的后方支持，并且自己的西班牙基地一切正常，那么他就没有理由担心。罗马人现在才是受害者。一方面，他们必须忍受意大利土地不断遭到掠夺，部分地区甚至彻底成为废墟；另一方面，他们还不得不顾虑如何维系意大利同盟者之间的关系，他们无法再承受另一场惨败，那就是悬在他们头顶的达摩克利斯之剑。汉尼拔的目标就是进一步巩固这一系列使罗马感到被动的境况，绝不能让罗马在战争中赢回主动权。为了做到这一点，汉尼拔将目光放到了那些和他一样正在和罗马交战的意大利同盟者之外的城邦。似乎没有比赢得他们的支持更有效的办法了。

由于罗马对伊利里亚政局一再干预，马其顿国王腓力五世（Philipp V）对罗马人从来都没有好感，他十分担心对方在自己狭小的势力范围内过度活跃。因此，当迦太基人在意大利取得巨大成功时，他果断选择与其结盟。汉尼拔身边的迦太基议员代为签署了这份联盟协议，其中最重要的条款是双方必须在对抗罗马的战争中保证相互支持。尽管这位马其顿盟友对汉尼拔在正面战场的帮助微乎其微，但他并非一无是处。他给予迦太基的支持体现在亚得里亚海区域（der adriatische Raum）的军事行动，这使罗马不得不分兵于此。

由波里比阿（VII 9）记录的汉尼拔与腓力

五世之间的联盟协议（于公元前 215 年，迦太基极盛时期生效）是仅有的一份可以推测汉尼拔政治意图的文件。其措辞清楚地表明汉尼拔从未想过要毁灭罗马。罗马对意大利大部分地区的霸权统治也完全没有受到质疑。汉尼拔并不反对一个强大的罗马，而是拒绝一个过于强大的罗马。他对于未来地中海西岸政治的规划并不是由自己一统天下，而是仿效地中海东岸希腊文化区那样做到各方权力的相互制衡。汉尼拔的政治理念与他当下所取得的辉煌战果无关，他的政治愿景也完全不会因为这些振奋人心的胜利而黯然失色。相反，他的考量是出于对交战双方潜在实力的客观评估。

比马其顿盟友更具战略意义的是叙拉古在其国王希伦（Hieron）去世后态度的反转。这个国家自第一次布匿战争以来便是罗马人忠实的盟友。

在一系列由汉尼拔精心策划的起义和内政暴动之后，叙拉古站到了迦太基一方。在汉尼拔军队中服役的叙拉古人同时享有迦太基公民的权利。可以想象，他们起到了决定性的宣传作用（波里比阿 VII 2）。汉尼拔的心腹希波克拉特斯（Hippokrates）和埃皮库代斯（Epikydes）被选为将军。叙拉古政权的变动影响了整场战争的进程，因为罗马人现在不得不加强他们在西西里岛的驻军。不久之后，叙拉古便直接参与到战争中来。

一条全新的战线就此形成。汉尼拔最初出征意大利的行动已经转变成影响整个地中海世界的全面战争。若我们分析公元前 215 年和公元前 214 年的战况，最先注意到的便是战争区域的扩大。

强大的迦太基军团正在西班牙与西庇阿的军队交战。汉尼拔则在意大利南部指挥着迦太基的中央军队；他身后是由执政官昆图斯·费边·马克西姆斯以及提比略·森普罗尼乌斯·格拉古（Tiberius Sempronius Gracchus）率领的追击军团。罗马舰队正全力拦截来自迦太基的护航舰队，以阻碍它们向西班牙的哈斯德鲁巴以及意大利的汉尼拔提供补给。此外，迦太基还派遣了一支先锋部队前往撒丁岛，试图将罗马人从那里赶出去。阿庇乌斯·克劳狄乌斯·普尔喀

（Appius Claudius Pulcher）和马尔库斯·克劳狄乌斯·马塞勒斯在西西里岛与迦太基雇佣兵作战，并开始围攻叙拉古。马尔库斯·瓦莱里乌斯·拉埃维努斯（Marcus Valerius Laevinus）旗下的罗马舰队则出现在希腊西海岸，以抵挡马其顿的腓力五世对罗马的进攻。

从南西班牙到马其顿，从北非到阿尔卑斯山，战场在地理空间上的扩展也带来了战斗节奏与速度的变化。汉尼拔最初的运动战渐渐发展成了阵地战。战争的胜负手越来越多地依赖于强硬的防线、坚韧的前线、稳定的供应和盟友的支持，但最重要的是对对手的消耗。汉尼拔获胜的概率随着战争流动性的减弱而降低。他的策略是专注于维持现状，其战争角色从进攻者转换为防守方。对于罗马人而言，一年又一年，得以不在战败中毁灭就是一种胜利。

但在当时，双方总是互有胜负。公元前213年，在意大利南部行军的汉尼拔再度取得决定性的胜利。塔伦图姆宣布脱离罗马，加入汉尼拔阵营。与卡普亚和叙拉古一样，塔伦图姆也是一座重要的大型城市。对于任何希望统治意大利的人而言，都不可避免地想要将它收入囊中。但是城中的城堡和港口仍在罗马人的掌控之下，那里的罗马驻军只是将自己多年来坚守的防线后撤。就像预言所说的一样，这种战略象征着罗马人永不屈服的精神。当汉尼拔转攻为守后，罗马人很快恢复了自己的军事优势。一场属于罗马的胜利很快就会到来并最终改变整个战局。

那么汉尼拔与迦太基之间的关系又如何呢？两者之间的顺利合作对于战争的胜利至关重要。塔伦图姆远离战场，它的任务就是为战争的继续协调资源。此外，它还需要不断招募新的雇佣兵，并将他们送至各个战场。这一切都需要大量的人力和财力。只有在本国贸易收入稳定、非洲部落按时交纳贡品与作物以及西班牙的白银出口定期完成的情况下，它才能做到长期提供巨额的战争开支。由于这场战争迫切地需要各方的资源涌入迦太基，这也在公民内部产生了紧张情绪。尽管大多数人支持巴卡家族的战略，但反对的声音从未消失。汉尼拔第一次史诗般的胜利无疑再次增强了迦太基人在上一场对抗罗马的战争中被摧毁的自信心。不难想象，迦太基同胞对汉尼拔的军事行动有多么担忧，对他的胜利就多么渴望。但是战争持续的时间越来越长，和平解决的有利机会越来越少，质疑的声音自然也越来越多。最重要的是，新战线的展开以及由此带来的对物资和军队的需求都造成了更大的困难。就这一点而言，缺少一支能与罗马相媲美的舰队导致的弊端也越来越明显。

　　公元前 213 年，在汉尼拔的建议下，一支由 25000 名士兵组成的军队在希米尔克的指挥下前往西西里岛，解救被罗马军队围困的叙拉古。虽然希米尔克成功地征服了阿格里真托（Agrigent），但面对围攻叙拉古的罗马军团他毫无办法。另外，一支由 50 艘战舰组成的迦太基中型舰队也遭遇了相似的命运，罗马海军占据了绝对优势，致使它无法为守军提供有力的增援。这座伟大的希腊城邦之所以能够坚持抵抗如此之久，要归功于学者阿基米德（Archimedes）——这个时代最伟大的科学家。他发明的武器及设计巧妙的防御工事，一度让罗马军团陷入绝望（波里比阿 VIII 5-9）。非凡的军事指挥官、政治家汉尼拔和举世闻名的杰出学者阿基米德在对抗罗马的战争中并肩战斗。这种军事武力与科技智慧并非纯粹巧合的结合也许反映了当时的一种时代精神：对突然出现的罗马霸权的绝对排斥。

公元前 212 年，由于守卫的疏忽，罗马人成功地攻占了被认为坚不可摧的叙拉古卫城——埃皮波拉伊（Epipolaei）。迦太基曾试图再次解救陷入困境的叙拉古人，却无功而返。不久之后，这座城市就彻底沦陷了。克劳狄乌斯·马塞勒斯任由自己的士兵在城中掠夺。大量的希腊艺术珍宝和金币成了罗马人的战利品。在经历了这么多次失败之后，战胜这位长期以来在意大利的土地上主导战争的外来者汉尼拔的希望之光终于再次闪耀。

征服叙拉古是罗马人在这场战争中取得的第一次重大胜利。而不久之后，他们又迎来了一场更重要的胜利。卡普亚转投汉尼拔阵营对罗马人而言是十分痛苦的，因为他们害怕会出现效仿者。因此，罗马人迅速组织了一支重装军队，意图集中力量尽快夺回最重要的城市卡普亚。执政官昆图斯·弗尔维乌斯·弗拉库斯和阿庇乌斯·克劳狄乌斯·普尔喀带领了6个军团将卡普亚围得水泄不通。而对于汉尼拔来说，卡普亚同样重要。作为除罗马外意大利人口最多的城市，它是取代罗马统治地位的不二选择。鉴于卡普亚的重要性，汉尼拔自然会为其倾尽全力。但当他意识到妄图打破罗马人的包围圈只会是一场徒劳之后，他决定直袭罗马，希望可以将罗马人的注意力从卡普亚转移回自己的都城，以解除卡普亚的围困之难。但是这个计划失败了，罗马人并没有因此而动摇，最终于公元前211年攻破了这座"饥饿之城"（波里比阿IX 3-7）。这次投降对罗马的战争宣传有着特殊意义。罗马人坚定不移的战略方针向全意大利表明，他们依旧不容小觑。与此同时，罗马对卡普亚的征服也标志着汉尼拔战争统治力的局限性，这位著名的迦太基将军并不能有效地保护自己的盟友。

叙拉古及卡普亚的陷落对汉尼拔来说都是致命的失败，但是西班牙战况朝有利的方向发展抵消了一部分损失。自第一军团抵达伊比利亚半岛以来，迦太基人将自己在西班牙北部的战线逐步后撤。罗马人在建立根据地之后，沿着东海岸继续进军。由于西庇阿兄弟手下的军队人数较少，因此他们依赖与当地反迦太基人民的合作。公元前211年，罗马人策划了一次重要的进攻行动，行动得到当地凯尔特伊比利亚人的支持。西庇阿兄弟将军队拆成小队并编组，分别向南挺进。但由于凯尔特伊比利亚人的背叛，行动失败。迦太基人得以将罗马军队的小分队逐一击破。西庇阿兄弟双双战死，得以逃脱的罗马军队群龙无首，撤退到伊比利亚半岛最北端。令人费解的是，迦太基人却没有抓住这个将罗马人赶出西班牙的绝佳机会。现在交战双方处于均势，互相都找不到一招制胜的方法，而常年征战也使将士们身心俱疲。罗马人减少了作战部队的数量，而汉尼拔也没有在意大利发动任何重大攻势。迦太基和在西班牙的巴卡家族都表现得十分从容。自公元前218年开战以来，虽然罗马人遭遇的失败多于迦太基人，但他们的备战工作从未中断。最近在西西里岛和意大利取得的胜利也有助于提升他们的士气。迦太基人成功地守住了自己在西班牙的补给基地，但另一方面他们在撒丁岛和西西里岛上的小型战役中表现得不尽如人意。罗马人开始赢得这场战争的主导权，并对自己的对手产生影响。虽然汉尼拔在意大利仍旧保持不败，但他在那里所能取得的进步十分有限。

罗马人现在的目标是孤立汉尼拔。为了实现这一点，他们必须彻底摧毁作为供给基地的西班牙。此外，来自迦太基的增援物资也必须被截停。最后，还要防止汉尼拔赢得新的盟友。汉尼拔的策略则是激活所有的可用资源，赢回意大利战场的主动权。在意大利北部，罗马的传统敌人凯尔特人碌碌无为，而罗马与意大利的同盟关系却日趋稳定，这两点都给汉尼拔带来了负面影响；而积极因素则是他仍然掌握着西班牙和意大利的大部分地区，并且到目前为止罗马人并没有对北非的迦太基本土造成威胁。然而，有一个重要影响因素是汉尼拔无法预测到的。自公元前 211 年起，一位与他在政治及军事才能上不相上下的将领在罗马横空出世，并很快对整个战争起到了决定性的作用。人称"阿非利加征服者"（Africanus）的普布利乌斯·科尔内利乌斯·西庇阿正式登上历史舞台。

　　他正是那位在西班牙战死的西庇阿将军的儿子。与汉尼拔的人生经历相同，他在 25 岁时被任命为罗马军队在西班牙的最高指挥官。虽然这有悖于传统，因为他太过于年轻，并且此前没有当选为高级元老，但西庇阿家族及其政治伙伴的影响力以及民众对年轻力量的支持最终战胜了元老院的担忧。对于西庇阿而言，西班牙战争不仅是一场国家战争，更是一桩家庭事务，国家利益与私人恩怨交织在一起。他想要赢下这场战争，为父亲和叔叔报仇并恢复罗马不可战胜的荣耀。西庇阿充满活力并且十分自信，而且有着坚定的宗教立场，在这几点上他远远超过大多数同龄的罗马人。西庇阿十分虔诚，并给周围人留下了他是"天选之人"的印象。这也增强了国内外对他取得战争胜利的信心。在这一点上，李维曾指出："在处理公共或私人事务之前，他总会先前往元老院，在神殿里静下心来，独自度过一段属于自己的时间。

这个他一生从未中断的习惯有意无意地让信徒们认为他就是天神的传人，而与亚历山大大帝相关的传说也再度出现……在他母亲的房间里曾总能见到巨蟒出现的神迹，而他正是母亲与巨蟒交合后诞下的天选之子。"（李维 XXVI 19）

第七章 突破不可能：汉尼拔在意大利

汉尼拔试图通过对意大利最南部城镇雷焦（Rhegion）的突袭来弥补卡普亚战败的损失。然而，就如同他进攻塔伦图姆的罗马要塞一样，这次军事行动依旧未能取得成功。因此，汉尼拔不得不带着未竟的事业撤回位于卢卡尼亚（Lukania）的冬营（公元前211年）。

次年，出现在他面前的是叙拉古征服者、罗马执政官马尔库斯·克劳狄乌斯·马塞勒斯。他通过占领萨莫奈人的城市马若涅亚（Maronea）以及梅莱斯（Meles）成功地开始了自己的行动。之后不久，他又顺利地将阿普利亚人的城市萨拉皮亚（Salapia）收入囊中，其中还包括 500 名守城的努米底亚骑兵。

然而，公元前 210 年汉尼拔在赫多尼亚（Herdonea）地区摧毁了罗马将军奈维乌斯·弗尔维乌斯·桑图马卢斯（Gnaeus Fulvius Centumalus）的两个军团，这再次充分展现了他的军事能力。尽管遭遇了一些挫折，但是迦太基军队的军事效率及其领导人的战略眼光依旧出众。

克劳狄乌斯·马塞勒斯一直紧追汉尼拔，直到对方退回卢卡尼亚的冬营。赫多尼亚战役中损失的士兵多为拉丁裔，这本身就给罗马带来了一些骚乱。当他们在公元前 209 年想要再次征兵时，有 12 个拉丁城市拒绝加入这场对抗汉尼拔的战争。意大利同盟内部出现明显的裂痕，这对罗马来说是一次严峻的考验。

公元前 209 年，费边·马克西姆斯第五次出任执政官，再次承担起了对抗汉尼拔的职责。他的计划是让克劳狄乌斯·马塞勒斯去追踪汉尼拔，而自己则出兵塔兰图的罗马城堡，解救被困多年但仍坚守阵地的罗马军队。

汉尼拔的军队与马塞勒斯的军队在距离如

今卡诺萨（Canusium）不远的地区发生了激烈的战斗，罗马人不得不再次接受惨败的结局。与此同时，费边·马克西姆斯却能专注于对塔兰图的围攻。

一周之后，对塔兰图的总攻从各个方向展开，塔兰图人的防线最终被击溃了。和叙拉古一样，塔兰图遭到了洗劫，约3万人沦为奴隶。被抢夺的贵金属器物以及艺术珍品数不胜数。试图解救塔兰图的汉尼拔急速行军，但为时已晚，他并没能阻止这场于他而言十分敏感的挫败。

然而，汉尼拔的意大利战略很大程度上取决于西班牙的战况。公元前210年底，当普布利乌斯·科尔内利乌斯·西庇阿登陆西班牙时，他要面对的是三支迦太基军队。因此，他最初并没有选择与占据优势的对手直接对抗。也许是联想到汉尼拔出其不意的惊世壮举，西庇阿决定进攻敌人的总部——新迦太基（公元前209年）。这次突袭发生时，迦太基军队均驻扎于偏远地区。部队的转移并不是因为迦太基内部领导人的不团结或是相互之间无法协调行动，这一点和西庇阿设想的有所偏差。汉尼拔兄弟马戈的军队驻扎在加的斯附近的韦尔瓦,那里是全国最具生产力的矿区之一;基斯戈(Gisko)之子哈斯德鲁巴的军队则选择在塔古斯河口(Tajomündung)扎营,这也与确保并促进迦太基的战争经济发展有关;而由汉尼拔的兄弟哈斯德鲁巴领导的迦太基大军则在卡尔培塔尼展开防御,以保护其他部队的侧翼,同时防止对手进攻安达卢西亚。迦太基人的错误在于完全没有想到对手会直接进攻新迦太基,因此并未对其做任何防御准备。

对新迦太基的突袭是一次异常大胆的军事行动。希腊历史学家波里比阿撰写了一份详细的报告,通过这份报告我们可以重建本次行动的部分细节。西庇阿带领军队突然出现在新迦太基的城墙之外,并在短暂的围困之后成功破城。西班牙骄傲的统治者——迦太基人这一次也不得不接受被残酷掠夺的命运。这次突袭给迦太基带来了极其巨大的心理影响。西庇阿一击致命,除了大量的战利品、资金储备、武器以及供给物资外,迦太基为控制西班牙挟持的当地人质也都落入西庇阿手中。这是一笔宝贵的财富，通过适当的处理，西庇阿就能由此获得西班牙人民的支持。

罗马人在西班牙取得的进展改变了整个战局，胜利的天平不再向迦太基人倾斜。汉尼拔面临的任务异常艰巨。那些转投汉尼拔阵营的意大利城市对他来说是一柄双刃剑，其造成的问题正日益增加。事实就是大多数加盟的是那些原本散落在危险的敌对环境中的独立城市，而城市联盟很少会选择冒险背叛罗马。这给迦太基军队带来了相当大的供给问题，使军事行动变得更加困难，尤其是本就有限的精力还不得不用来应对过于分散的威胁。如果汉尼拔希望维持自己的威信，他就必须给这些新加入的伙伴提供保护，但也正是这项义务限制了他的行动自由。在意大利盟友数量大幅增加的压力下，汉尼拔不得不采取进攻措施。每当获得新的盟友，他就必须为其提供保护。但他的军队实力还不足以胜任这项附加任务。当罗马人意识到汉尼拔正面临如此困境之时，他们吸取了之前的教训，放弃与其进行正面交锋，而是不断收紧包围圈以持续制造压力。面对这样的政治及军事限制，汉尼拔逐渐失去了战争主动权，无奈陷入了"游击战"的泥潭。

公元前 208 年，意大利南部的战役就很好地印证了这一点。汉尼拔陷入了与克劳狄乌斯·马塞勒斯的缠斗，而另一支罗马军队则可以借机攻占洛克里（Lokroi）。然而，罗马军将领的粗心大意导致了计划的失败。迦太基人突袭罗马军队，多次交锋后成功地击退了对手。克劳狄乌斯·马塞勒斯也战死沙场，汉尼拔对他表达了最高的敬意。然而，这些行动并未带来实际效果。汉尼拔需要增援才能逆转意大利战局，而随着战事的推进，这样的帮助只可能来自西班牙。

公元前 209~ 前 208 年，西班牙发生的一切很大程度上受到了意大利战况的影响。与罗马军队进行了一段时间的对抗之后，迦太基人的西班牙领土仍基本保持完整，此时他们更倾向于在意大利执行一个新的作战计划。但西庇阿成功占领了新迦太基并立刻开始对南西班牙地区发动进攻，这一切给迦太基人的军事规划带来很大的困难。迦太基人希望集结一切可用力量在意大利取得新的突破。常年征战带给罗马及其盟友的疲惫，以及意大利北部利古里亚与凯尔特人部落的合作，一切因素都被考虑在内。很显然，迦太基人的意图便是在意大利建立一个新的战略据点。汉尼拔可以在那里和哈斯德鲁巴率领的西班牙军队会合，进而为整场战争带来决定性的转折。与此同时，马戈也在招募更多的增援部队。基斯戈之子哈斯德鲁巴则继续在西班牙统领留下的部队对抗西庇阿。但是西庇阿极具侵略性的作战很大程度上破坏了这一计划。公元前 208 年，当西庇阿意识到自己的实力已经足以进一步向南方进军时，他果断选择与哈斯德鲁巴正面交锋，以阻止其前往意大利与汉尼拔会合。战斗在今天的巴埃库拉地区（Baecula）打响。西庇阿主导了整场战役，当哈斯德鲁巴意识到自己令人绝望的处境后，他选择撤退，带着残余部队北上。

汉尼拔期待着兄弟哈斯德鲁巴带来的军事增援。巴埃库拉战役败北之后，哈斯德鲁巴重新整合了军队。公元前 207 年，他以令人震惊的行军速度向意大利进发，其军事表现绝不逊色于汉尼拔。如果两支迦太基军队在意大利联合起来，那么在汉尼拔的指挥下，他们将给罗马造成无法估量的威胁。感到惊慌的罗马人自然要竭尽全力阻止两军会合。

在意识到哈斯德鲁巴的部队即将抵达意大利之后，罗马人在公元前 207 年选择了两位颇具军事经验的执政官——盖乌斯·克劳狄乌斯·尼禄和马尔库斯·李维乌斯·萨利那托尔。久经考验的禁卫军将领大多已战死沙场（埃米利乌斯·保卢斯、森普罗尼乌斯·格拉古、克劳狄乌斯·马塞勒斯），只留下了费边·马克西姆斯和他们之中最有能力的普布利乌斯·科尔内利乌斯·西庇阿，而他正投身于西班牙战场，无法脱身。充分利用所有的储备资源，罗马人再次集结了约 20 个军团，但并不是所有人都能发挥全力。

哈斯德鲁巴穿越阿尔卑斯山之后，取道帕辰察大区，向阿里米努姆［Ariminum，即今天的里米尼（Rimini）］进发。他还在途中招募了凯尔特人和利古里亚人，据说总人数超过 3 万人。但他派往汉尼拔处的信使被罗马人截获，两人的配合作战计划并未成功。汉尼拔带兵由意大利南部出发，逐步向内陆挺进，之后驻扎在阿普利亚，希望可以收到兄弟的消息。与此同时，哈斯德鲁巴也在向南进发。他穿过亚平宁山脉，越过梅陶罗河（Metaurus）。然而，这一切都在马尔库斯·李维乌斯·萨利那托尔的掌控之中。

另一位执政官盖乌斯·克劳狄乌斯·尼禄则一直在坎努西姆（Canusium）附近观察汉尼拔，并拟定下一步的计划。为了分散对手的注意力，他佯装向卢卡尼亚发动攻势。而实际上却带着选定的精锐部队一路向北疾行，计划在一周后与马尔库斯·李维乌斯·萨利那托尔的部队会合。哈斯德鲁巴的部队被对手打了一个措手不及，他们在非常不利的地形中行动，完全无法抵挡罗马军团的冲击。梅陶罗河一役，迦太基部队被彻底歼灭，哈斯德鲁巴也不幸战死沙场。这是罗马人第一次在意大利的土地上击败迦太基军队。之后克劳狄乌斯·尼禄立即赶往阿普利亚，并将哈斯德鲁巴的首级扔进汉尼拔的营地。直至此刻，汉尼拔才意识到自己胜利的希望彻底破灭。

公元前206年，两军在西班牙迎来了最终

的决战。在巴埃库拉战役之后，西班牙的迦太基军队交由基斯戈之子哈斯德鲁巴统领，但其实力已无法与西庇阿相抗衡。战争的主动权已经被西庇阿牢牢地握在手中。与此同时，西庇阿又加强了他的军队，并得到了更多的西班牙人的支持。公元前206年，哈斯德鲁巴在梅陶罗河战败（公元前207年）的消息迫使迦太基人做出决定。基斯戈之子决定采取新的行动，他们绝不希望看到自己在西班牙最后的领地就这样拱手让人。同年，最终决战在塞维利亚附近的伊利帕（Ilipa）打响。大局观与临阵指挥的完美结合以及军队更加出色的战术素养确保了西庇阿的胜利。此后只有一小部分迦太基反抗势力留存，但他们终究难成气候。在迦太基人失去了对西班牙的控制之后，汉尼拔的战争变得越发困难。

公元前206/前205年，被击败的迦太基部队被迫撤离西班牙，迦太基扩张的辉煌时代也走到了尽头。随着最后一座海外堡垒的丢失，迦太基人面临的现实就是他们的领土在不断减少，而罗马的领土却在日益增加。一段将持续几个世纪并对后世产生巨大影响的罗马统治时期就此在西班牙开始。

当哈斯德鲁巴在梅陶罗河战役中战败之后，汉尼拔立即撤军至布鲁提乌姆（Bruttium）。整个公元前206年，意大利半岛上并没有发生任何重大战役。直到西庇阿将战火再次带回意大利。载誉而归的西庇阿与普布利乌斯·李锡尼·克拉苏（Publius Licinius Crassus）于公元前205年一同被选为执政官。罗马领导层首先要确定后续战争的基本方针：是优先将汉尼拔赶出意大利还是主动进攻非洲。为此，元老院爆发了激烈的争吵，费边及其支持者更倾向于前者，而西庇阿等人则选择后者。

西庇阿被派往西西里岛，他将在那里带领军队做好登陆北非的准备。此前从没有任何一位罗马将领拥有过如此之大的权力。他得到的指示如下：在他能掌控的范围内，只要能为国家带来利益，他便可以在北非采取任何行动。与此同时，罗马人在洛克里也取得了胜利，这进一步限制了汉尼拔在意大利南部的行动。

此时，汉尼拔已经意识到自己继续留在意

大利只会徒劳无功。他来到克罗顿（Kroton）附近的朱诺神庙，并在那里留下了一段记录自己至今的所作所为的布匿语和希腊语双语碑文（波里比阿 III 33, 56）。这段碑文因记录了汉尼拔军队的构成，包括其具体人数而具有特殊的历史意义。我们由此得知，汉尼拔的部队自战争开始就从未超过 5 万人。相较之下，罗马军队的优势是显而易见的。根据公元前 225 年的"托袈长袍名单"（formula togatorum，记录了能够参军的罗马公民的名单），罗马及其盟友的军队可达将近 70 万人。双方海军之间的实力相差也很悬殊。公元前 218 年驻扎在非洲及西班牙的迦太基战舰约 100 艘，而罗马舰队的数量是其两倍多。

即使离乡 10 年之久，并且持续处于高强度的作战压力下，汉尼拔的军队仍旧听命于他，这充分体现了这位将领的军事才华和个人魅力。尽管在意大利的战争并未取得胜利，部队也即将撤往北非，但没有发生任何叛乱。即使是在逆境中，汉尼拔也没有失去对军队的控制。

公元前 205 年，马其顿国王腓力五世在腓尼基与罗马签订和平条约，这使得罗马人能够专注于最后给予迦太基致命一击。按照惯例，罗马人非常仔细地研习了所有基础性的宗教典籍，以保证他们的胜利。神圣的《西卜林书》提到：如果人们能够将小亚细亚培希努（Pessinus）的"大地之母"玛格纳玛特（Mater Magna）迎回罗马，那么意大利的敌人就会被驱逐。为了迎接女神，罗马人必须选出国家的"最佳公民"。他们选择的是西庇阿·纳西卡（Scipio Nasica），他是格奈乌斯·科尔内利乌斯·西庇阿（战死于西班牙）之子，普布利乌斯·科尔内利乌斯·西庇阿（即将出征北非）之兄。

如果汉尼拔希望避免迦太基直接遭到罗马的攻击，他就必须加强自己在意大利的攻势，以阻止西庇阿在北非登陆。由于受到瘟疫的持续影响，人数上占优的汉尼拔军队被认为在很长一段时间内无所作为。雪上加霜的是，来自迦太基的大量补给资源——整整100艘船的黄金、粮食补给和武器装备在海上遭遇风暴。幸存的舰队不得不登陆西西里岛，而在那里等候它的却是罗马士兵。最终，汉尼拔没有得到哪怕一艘船的补给和支援。

他在意大利留下的最后希望是其兄弟马戈。当迦太基人在西班牙战败后，马戈前往巴利阿里群岛，并在那里得到了迦太基的支持，竭尽全力招募了一支实力可观的军队。直至今日，梅诺卡岛（Menorca）上的马翁市（Mahon）仍旧承载着他的名字。他带着 30 艘战舰在利古里亚海岸登陆。征服热那亚（Genua）之后，他向伊特鲁里亚进发，并在那里招募到了更多的雇佣兵。然而，他在里米尼附近被两个罗马军团击败，他甚至还未能率军抵达意大利中部就结束了自己的征程。而现在，撤离意大利也只是时间问题。

这位陷入困境但仍未尝一败的将领正处在命运的转折点。波里比阿对他做出了如下评价："综观整场战争，汉尼拔不间断地与罗马人抗争了 16 年之久……其部队由利比亚人、伊利里亚人、利古里亚人、凯尔特人、腓尼基人、意大利人和希腊人组成，他们之间没有任何血缘关系，也没有法律条款，只有道德准则约束着他们。他们彼此之间语言不通，没有任何东西能够维系其关系，而且所有的指挥权都由汉尼拔一人掌控。然而，这支多元化的国际雇佣军却从未发生过任何叛乱。面对这样的成就，谁还能够否认这个人（汉尼拔）的英明勇武、出众的军事技巧和其与生俱来的大将气概？"（波里比阿 XI 19）

第八章　在北非做出决断：西庇阿和汉尼拔

罗马军队北非登陆作战是西庇阿的倡议。这是一个极具争议性的决策，最终在元老院反对派的强烈质疑中被强制实施。西庇阿的计划显然和汉尼拔类似，即在对手的家门口决一胜负。

罗马入侵前的北非政局对于迦太基人而言也是十分紧张。西法克斯（Syphax）和马西尼萨统治下的努米底亚王国和迦太基之间的关系逐渐产生裂痕。在西班牙，他们曾偶尔帮助巴卡家族对抗罗马。但当迦太基人在伊利帕落败之后，马西尼萨改变了立场，转而与西庇阿合作。这使罗马人在迦太基腹地拥有了一位重要的盟友。而迦太基人则与西法克斯继续结盟。哈斯德鲁巴（基斯戈之子）将自己的女儿索福妮斯巴（Sophoniba）嫁给了西法克斯，从而巩固了双方之间的关系。

公元前 204 年夏天，一支强大的罗马军队在西庇阿的领导下抵达北非海岸。他们向尤蒂卡（Utica）进军的道路畅通无阻。当西庇阿进攻尤蒂卡时，遭到了一支迦太基军队的抵抗，最终他选择放弃围攻而是前往冬营休整。西法克斯试图让罗马人与迦太基人各自撤出北非和意大利，并签订一份和平协议。西庇阿假装表现出自己无法接受这样的条件致使谈判一再拖延（波里比阿 XIV 1）。尽管他当时的军队实力不及迦太基，但仍想要自己拿下一场决定性的胜利，因此他并不希望通过谈判解决问题。西庇阿利用了这一时机，在公元前 203 年春天放火突袭了西法克斯及迦太基人的营地。借着大火产生的混乱，他一举击溃对手，自己的损失被降到了最低。这一战使得迦太基人的军事优势荡然无存，而西庇阿则可以更主动地采取攻势。

迦太基人失去西班牙之后，哈斯德鲁巴便

成了北非的军事统领。他又重新组织了一支由
4000 名凯尔特伊比利亚雇佣兵组成的军队，与
西法克斯一同在距离迦太基西南 100 公里的宽
阔平原上扎营，静候罗马人的到来。西庇阿的
部队以步兵为主，但为他赢得胜利的则是表现
出色的骑兵。这也是罗马骑兵第一次战胜迦太
基人。西法克斯选择逃跑，指挥权交由马西尼
萨。而西庇阿则成功地占领了突尼斯（Tunis），
将迦太基的非洲领土拦腰截断。

在又一场大败面前，迦太基元老院不得不
采取应对措施。大多数人支持缓兵之计。他们
希望尽可能地为即将到来的围攻做好准备，考
虑召回汉尼拔，并且从西法克斯那里得到帮助。
只有小部分元老认为应该立即开始和平谈判。

但形势在公元前 203 年夏末又发生了变化，
当时西法克斯已完全被罗马人控制。西法克斯
与马西尼萨之间争夺努米底亚统治权的斗争中
还掺杂了爱情、嫉妒与复仇的情节，这不禁让
人想起狄多（Dido，《埃涅阿斯纪》）和海伦
（Helena，《伊利亚特》）的故事。马西尼萨在锡
尔塔（Cirta）遇到了西法克斯的妻子——这位

本该嫁给他的迦太基女子。马西尼萨立刻迎娶了这位颇具传奇色彩的索福妮斯巴。与此同时，被关押的西法克斯在被罗马人拷问其转投迦太基的根本原因时提到，他是受到自己迦太基妻子的影响。西庇阿担心马西尼萨也会同样变卦，于是建议后者与自己的新婚妻子分开。这段故事的结局甚是悲惨。索福妮斯巴饮下毒药惨死，成为罗马强权的牺牲品。当个人命运不得不被强权政治左右时，历史便会不可避免地走向悲剧。这段充满必然性的悲惨历史在希腊悲剧中被无比生动地演绎。从李维的巨著中（李维 XXX 11-15）我们可以读到，这段历史几乎包含了所有的戏剧元素，它影响着直至今日每个时代人类社会与艺术的发展。

迦太基人派出一个使团与西庇阿商讨如何和平解决战争。未能拿下尤蒂卡的西庇阿并没有感到灰心丧气，只要迦太基人同意他提出的条件，他仍旧可以视自己为战争的胜利者。此外，他还可以避免与迦太基继续这段旷日持久的战争。

西庇阿要求迦太基释放战俘，交出除 20 艘

索福妮斯巴之死

战舰外的全部海军，放弃西班牙以及意大利和
北非之间的所有岛屿；要求汉尼拔从意大利撤
军，并向罗马军队提供粮草以及支付 5000 塔兰
特白银的赔款。

这些条件对于迦太基人来说非常苛刻。不
过，倘若汉尼拔取得了最终的胜利，他对罗马
提出的条件也不会比这些仁慈。如同汉尼拔希
望削弱绝对强大的罗马，西庇阿对迦太基也是

这样想的。他的目的是杜绝迦太基人在未来重新崛起的可能性。尽管这些协约条款已经给予了迦太基人致命的打击，但现在他们身后还有马西尼萨在捣鬼。这位国王出于自己的利益诉求，正倾尽全力打压迦太基力量，阻止其复活。在和平协议生效之前，双方决定停火。

罗马方面一直等到汉尼拔正式离开意大利才批准这些条约。汉尼拔的部队在莱比提米纽斯（Leptis Minor）附近登陆，人数约为两万。不久之后，他已故兄弟马戈的残余部队也抵达北非海岸（公元前203年秋）。

尽管最初的军事目标显然已无法达成，但是战争并没有结束。迦太基人内心深处仍保有一线希望，即当汉尼拔归来之时能够给予西庇阿致命一击，就像公元前255年的马尔库斯·阿提利乌斯·雷古卢斯（Marcus Atilius Regulus）那样，这位罗马执政官曾率军在北非登陆，但不久之后便被击败。

与此同时，另一个意外事件的发生却导致了双方军事行动的再次展开。一支罗马供给船队遭遇海难在迦太基海岸搁浅。附近城市的迦太基人由于粮食短缺洗劫了船只上的货物。汉尼拔重回北非使得大家备受鼓舞，因此完全没有理会西庇阿的抗议。这一事件的持续升级最终导致停战协议被撕毁。双方开始了各自的战争准备。

公元前202年秋，两支军队在距离纳拉迦拉（Naraggara）不远的迈杰尔达（Medscherda）上游的河谷相遇。这场即将到来的大战史称扎马战役（Schlacht von Zama），正是整场持续了17年的战争的终局之战。戎马一生、战功卓著、已成军事神话的汉尼拔和年轻有为、正逐步追赶对手的西庇阿，故事的两位主角终于在战斗打响之前相遇了，他们曾试图通过对话的方式避免战斗。汉尼拔想要协商签订一份条件更为宽松的"罗马和平"协议。他或许希望自己的名字可以起到一定的作用，毕竟自己从未被罗马人击败过，凭什么现在会输？然而，西庇阿认为自己胜券在握，拒绝了这个请求。这位年轻有为的罗马将领与那位或许早已厌倦战争的迦太基"里程碑"，或者用李维的话来说是"有史以来最卓越的军事家"之间的会面无疑是这场战争的高潮，这一情节自然也由历史学家进行了详细的描述（波里比阿 XV 6-9；李维 XXX 29-32）。

汉尼拔和西庇阿的军队人数不相上下，二人各自统领着超过 4 万名士兵。但是，西庇阿的骑兵远远优于汉尼拔。自汉尼拔离开西班牙之后，他再次拥有了战象部队，而且比之前的规模更大。但它们在战场上完全没有出彩的表现，因为罗马军队早已为此做好了准备。他们依靠队列留出了一条宽阔的通道，让战象可以冲锋"通过"。双方步兵则势均力敌，但罗马人依靠骑兵撕开了对手的防线。迦太基人的骑兵完全无法与之抗衡，在对手的追击下四散而逃。罗马骑兵的离去正是汉尼拔的机会，他试图依靠自己麾下久经沙场的老兵在罗马骑兵返回之前击败罗马军团。但是迦太基人所有的进攻尝试都以失败告终。汉尼拔始终未能取得突破。罗马骑兵的重新归队为这场战役画上了句号。如同汉尼拔在坎尼战役中的部署一样，罗马骑兵从后方包抄，将迦太基人团团围住。西庇阿也亲自上阵，矛头直指汉尼拔。至此，迦太基的最后一支军队被彻底击败。

汉尼拔先是逃到了位于哈德鲁米图姆（Hadrumetum，今苏塞）的基地，之后才前往迦太基。迦太基元老院派出代表前往正在突尼斯扎营的西庇阿处提出议和。这位罗马将军接待了他们。他向迦太基的谈判代表明确表示，现在的和平条件将比之前更加苛刻。迦太基人除了放弃在一年前的协议中已经提出的西班牙和地中海岛屿之外，还要向马西尼萨割让一部分北非的领土。除了引渡战俘与逃兵之外，迦太基还必须承诺在未来放弃使用战象；舰队规模也要进一步缩减，只能保留10艘战舰。而将迦太基纳入罗马共和国带来的影响则更为深远。在未来，迦太基只被允许拥有内部的政治及军事自由，其对外政策将受到严格的限制。例如，迦太基被禁止在非洲以外的任何地方作战，即使在非洲范围内开战，也必须先征得罗马的同意。最后，战争赔偿金额再次增加，最终确定为1万塔兰特。

面对这些更为严苛的"和平"条件，迦太基内部出现了反对的声音。一部分人认为应该立即终止谈判并组织军事反攻。这时汉尼拔起到了关键性的作用，他建议接受条约（李维XXX 35,11）。他非常清楚，继续抵抗是没有任何希望的。相比于无条件投降，他更愿意选择接受和平条约。

庄严的签约仪式在迦太基举行。迦太基代表在众神面前发誓将遵守和约条款，而来自罗马的缔约神官（Fetialpriester，专门负责缔约等国际关系事务的神官）也抵达了现场。仪式结束之后，迦太基人不得不通过另一种方式象征性地承认了战败，以及因此一并失去的那些曾经的权力与地位：交付给罗马的迦太基舰队缓缓驶入大海，并在沮丧的迦太基公民面前被焚烧殆尽。曾经强大、独立且骄傲的迦太基沦为罗马的附庸。

大部分罗马军队驻扎在突尼斯。西庇阿带领他们从那里登船，取道西西里岛，踏上回乡之路。整个意大利都洋溢着战争胜利的喜悦。他回到罗马后，举办了一场气势恢宏的凯旋仪式来庆祝自己战胜了汉尼拔。罗马又一次接受了全部挑战并战胜了对手。从现在开始，没有人再会对罗马在西地中海地区的霸权提出异议。

在罗马不断向外扩张的背景下，波里比阿逐渐成为一名世界知名的历史学家。作为第二次布匿战争的编年史作者，对于取得胜利的罗马帝国，他写道："不论是罗马人掌控了西班牙还是再次接管西西里岛，派遣军队及舰队到那里探险，这些都不值得夸耀。我们需要考虑的是，这一切都是由同一个国家、同一个政府在同时处理其他诸多问题的情况下完成的，而且在这段时间内，这个国家自己也身陷险境，国家的人民还要为自己的生存而战。只有考虑到这些我们才能真正领会这一切的意义，并给予它们应得的关注与钦佩。"（波里比阿 VIII 4）

罗马人在这场异常漫长的战争中面临诸多挑战，并为此付出了巨大的努力。这一切都对罗马未来的社会结构产生了影响。我们首先会注意到罗马权力阶级的显著变化。原本的政务官任期通常为一年，但在战时延长这一时间成为共识。而一些政务官多年任职逐渐使他们拥有准君主制的指挥权。如何收回他们的特权并回归人人平等的元老院制度，将成为罗马共和国面临的最大问题之一。

尽管汉尼拔曾做出诸多努力，但他仍无法破坏罗马和意大利之间的军事合作关系。依靠各城市中贵族之间密切的私人关系形成的纽带使得这一关系越发紧密。尽管仍会出现紧张局势，但这已指明了前进的方向，完成整合只是时间问题。

战争的胜利还给罗马的"世界帝国"建设带来了决定性的新动力——曾经属于迦太基人的财产。撒丁岛、西西里岛和西班牙成了新生的罗马帝国的前沿阵地。罗马人在战争结束后立刻把目光聚集到了希腊和地中海东部地区，这是其不可阻挡的发展步伐的必然结果。但是战争的消耗对于意大利来说仍旧是巨大的。整个意大利特别是意大利半岛的中部和南部的人口大幅减少，人口结构也遭到破坏。为了能够有效地改善这一状况，必须采取全面的政治、经济与社会重组措施。它们的成功决定了罗马社会未来的稳定以及罗马帝国能够一步步走向巅峰。

第九章 重返迦太基：一段新的旅程？

　　相较于汉尼拔的戎马生涯，我们对他生命的最后阶段所知甚少。只要他在罗马行军，就一定能吸引古罗马作家的全部注意力。然而，现在他渐渐远离了罗马的政治舞台，这就是战后信息量骤减的原因。首先是公元前 200 ~ 前195 年他投身迦太基内政的时期。在此之前，我们主要了解的是他作为军事指挥官的一面，而现在他将以迦太基政治家和外交官的身份再次面对我们。

　　几十年来，汉尼拔一直远离家乡。毫无疑问，他曾无数次幻想自己凯旋时的壮丽景象；而现在，和他一起前往西班牙的兄弟哈斯德鲁巴和马戈都已经战死沙场，自己姐妹的命运他也是一无所知，迦太基展现在他面前的一切大多都是陌生的。他当然希望得到朋友、亲戚和政治支持者的帮助。关于汉尼拔在这一时期内的私人生活，我们只能得到极其有限的信息。更重要的是迦太基的舆论将导向何方。国民会怎样看待他？他害怕受到指控吗？他会成为战争失败的替罪羊吗？他的影响力仍有多大？他是否将面临制裁？

毕竟汉尼拔发动了一场漫长而又残酷的战争，它带走了无数人的生命，消耗了迦太基多年来积累的大部分资源。而最终与罗马签订的和平条约也给他的家乡带来了沉重的经济负担。

另外，这位如今失落的迦太基人曾一次又一次地击败罗马人，那些鲜活的记忆依旧在人们脑海中徘徊。对于许多迦太基人而言，汉尼拔依然是他们光辉的榜样与自己民族实力的鲜活证明，甚至还是这段黯淡时期的未来之光。

随着和平条约给民众带来的负担日益沉重，未来迦太基的政治定位已经被重新提上日程。长时间的战争以及海外领地的丢失使得迦太基的经济一蹶不振，而现在所有努力的目标都是复苏经济，其中包括消除战争造成的破坏，重建贸易通路，利用仍受迦太基控制的北非领土发展农业。由于国库空虚，每年200塔兰特白银的赔款自然转嫁到了百姓身上。筹措这笔赔款是最优先之事，因为迦太基人已经从以往的痛苦经历中了解到罗马人绝不会在这种问题上开玩笑。

多年来迦太基内部关于专注海外发展还是专注北非的争论也在罗马人的和平条约面前偃旗息鼓。舰队的上交排除了大规模海上活动的可能，但恢复海外贸易仍有机会。而在北非政治中，虽然马西尼萨的强势地位是一个障碍，但也并不是不可逾越。

现在的问题是，回到故乡的汉尼拔会在其政治结构中扮演什么样的角色。他会彻底退出政治舞台吗？一项针对他的指控似乎就想达成这一点。国内的政治对手指责他故意不征服罗马，此外他还被指控贪污战利品。但他毫不费力地反驳了这些指控，最终诉讼也被成功撤回。

战争刚结束时，汉尼拔仍是迦太基残余军

队的最高军事指挥官，执行守备任务，但迫于罗马人的压力很快便被撤职了。他在这段时期的所作所为我们无从得知。我们甚至不清楚之后他是回到了位于北非的营地还是留在了迦太基城。

有关他的下一条消息来自公元前 197 年。当时他被选为"苏菲特"（Suffet）——城市的最高行政长官。而他的同僚另一位"苏菲特"的姓名不详。

从这一点我们可以看出，迦太基人中仍然有巴卡家族的忠实拥趸。对罗马的赔款带来的经济危机是其任期内主要应对之事。因为迦太基国库紧张，汉尼拔还曾与一位最高级别的税务人员发生冲突。李维（XXXIII 46,3）称他为财务官（quaestor），这个词源自罗马通用的最高财政官职。他拒绝公开自己的账目，并且不愿意与汉尼拔对质。他自认为是安全的，因为在其任期结束后他将成为"104 人法庭"（Gerichtshof der Einhundertvier）——这座迦太基贵族的终极堡垒——的终身成员。但汉尼拔仍旧下令逮捕他，并在公民大会上对其提出诉讼。此外，汉尼拔还做出规定：104 人法庭的成员今后应通过一年一度的选举产生，而且任何人不得连任。自此，汉尼拔给了自己国内的政治对手一个狠狠的下马威。

汉尼拔的提议得到了公民大会的认可并得以实施。此时他已经成为一名不折不扣的改革家。他揭露和抨击了税务机关内部存在的滥用权力和腐败现象，惩罚了相关责任人，并建立了更加透明和高效的税收制度。

很显然，汉尼拔对迦太基内政实施的改革取得了巨大成功。迦太基人的财政政策也重回正轨，公共财政状况得到明显改善。在偿还罗马人的赔款之外，仍有盈余供他们增加经济储备。受到限制的外交活动在某种意义上也为迦太基带去了好处，他们得以更纯粹地专注于国内发展。过去用于建造和维护舰队以及支付雇佣军报酬的资金现在可用于发展国家的基础建设。战争失败、政治影响力也惨遭削弱的迦太基却经历了前所未有的经济繁荣，高效的农业和利润丰厚的商业贸易成为国家的支柱。

汉尼拔大力倡导的更公平的税收制度以

及更有效的财务管理机制给他带来的并不只有拥护。与他披露的腐败丑闻相关的一些迦太基权贵一直伺机报复，他们想把汉尼拔赶出迦太基。为了达到这一目的，他们在罗马进行了一次针对汉尼拔的诽谤宣传，谎称汉尼拔正在与塞琉古（Seleukiden）帝国君主安条克三世（Antiochos III）秘密谈判，建立反罗马联盟。罗马人自然非常愿意听到针对汉尼拔的抗议，这给了他们再次重创这位可怕敌人的机会。大部分元老院成员听信了谣言，而西庇阿再次证明了他的伟大。他意识到这项指控证据不足，并请求减轻处罚。最终一个罗马代表团被派往迦太基引渡汉尼拔。后者意识到事态的危急，在公元前 195 年夏天为了躲避抓捕逃离迦太基。

这一系列事件代表了汉尼拔一生的最低点，也是迦太基历史上最具戏剧性的转折点。让我们回溯到约 20 年前，汉尼拔仍是那位西班牙最出色的战略家。当时也曾有一个罗马代表团抵达迦太基，要求引渡他。自信满满的迦太基议会当场拒绝了罗马人的要求，并表示宁愿开战也不会顺从罗马。而现在，罗马使节就像统治者一样莅临迦太基，而迦太基议会的成员则是以一种完全自我否定的姿态讨好对方。"逃犯"汉尼拔的财产被尽数没收，住宅也被夷为平地。巴卡家族最后的希望之火竟是由迦太基人亲手掐灭。

汉尼拔在迦太基的时光只是一段短暂的小插曲。回到故乡并不是他的本意，只是不得已而为之。输掉了战争，罗马的势力日益壮大，这都使得他的处境十分糟糕。尽管他在迦太基拥有足够的支持者，但这并不意味着他是绝对安全的。只要迦太基仍受制于罗马，内部事务的决定权仍在对方手中，那么汉尼拔就必须为他的命运担忧。他在哪里能够感到安全？一个不争的事实是：他必须脱离罗马的势力范围。而剩下的选择并不多，前往极具希腊特色的地中海东部是他唯一的机会。

9岁的汉尼拔怀着重振家乡雄风的远大志向随父亲远走西方。而在输掉第二次布匿战争之后，52岁的汉尼拔不得不迈着沉重的步子踏上了东方的土地。不知彼时的他是否仍存有希望，期待自己像在西班牙时所做的那样，为远大理想开辟一个新据点。

罗马人在战胜汉尼拔之后得以更为专注地在亚得里亚海的另一边展开政治及军事行动。当他们介入时，当地的诸强正处于激烈争斗之中。公元前205/前204年，尚未成年的托勒密五世（Ptolemaios V Epiphanes）在亚历山大城（Alexandria）继承王位。这也直接导致马其顿王朝的腓力五世和塞琉古帝国的安条克三世对托勒密王朝在叙利亚及爱琴海地区的领地发动袭击。帕加马（Pergamon）、罗得岛（Rhodos）以及雅典等地区的中等势力国家迫于压力不得不向罗马求援（波里比阿 XVI 23-28）。有了迦太基的前车之鉴，罗马自然想要阻止另一股超强势力在爱琴海地区成形，而且看上去它可以毫不费力地实现这一目标。

公元前197年，罗马执政官提图斯·昆西图斯·弗拉米尼乌斯（Titus Quinctius Flamininus）在库诺斯克法莱（Kynoskephalai）击败了马其顿的腓力五世，取得了决定性胜利，后者也因此失去了希腊地区的霸主地位。自亚历山大大帝起，马其顿军队公认的军事霸主地位被罗马军团取代。次年，弗拉米尼乌斯又在科林斯（Korinth）的依斯米安竞技会（Isthmische Spiele）上宣布，所有的希腊城邦将获得自由，进一步增强了罗马对希腊民众的影响力。公元前218年，汉尼拔在第二次布匿战争开始之时向希腊民众提出解放倡议。而现在罗马人的举措正是对这份倡议的最佳回应。罗马希望通过相同的手段彻底击败这位老对手，弗拉米尼乌斯正是出于这一考量做出这个决定。此后，罗马的外交政策明显有所收敛。他们非常清楚，自己可以一次次击败对手，但始终无法彻底摧毁对方。罗马以最少的付出对该地区长久以来的政治平衡产生了深远的影响，但并未亲自建立新的政治秩序。在如此胜负未决的紧张局势下，汉尼拔只得选择前往一个对罗马充满怨恨的避难所。

第十章　逃亡之路：汉尼拔在东方

汉尼拔前往东方，并不是为了不惜一切代价重燃对抗罗马的战火。然而，如果你想说他廉颇老矣，那么他在未来几年内不懈的努力将会给你最有力的反驳。汉尼拔于公元前195年逃离迦太基，是因为在罗马人的威胁之下其生命安全得不到保障。

一段紧张的冒险之旅过后，他首先抵达了泰尔，并在那里受到友好接待。接着他取道安条克（Antioch）前往艾菲索斯（Ephesos）会见安条克三世（公元前195年秋）。这位塞琉古王朝的统治者自然很高兴看到这位举世闻名的罗马抵抗者来到自己的宫殿，他非常希望获得有关地中海西部地区政治状况的第一手资料。最重要的是，他想要了解罗马的潜力。当时安条克三世与罗马的关系十分紧张。在不久前的利西马其亚（Lysimacheia）会议上，罗马人要求他放弃曾隶属于安提柯（Antigoniden）王朝及托勒密王朝的领地。安条克三世认为罗马人的诉求是完全不合理的政治干预。我们只能想象汉尼拔为了坚定这位君主对罗马作战的信念付出了多大的努力。汉尼拔仍旧坚持自己原先的策略：战争应该在意大利进行，在罗马人自己的领地上征服他们。此外，他还努力使安条克三世认识到先发制人的必要性。

汉尼拔向安条克三世提议：由他本人带领一支装备精良的军队重返迦太基，这样他就可以直击对手腹地；与此同时，安条克三世应该在希腊做好各方的战争动员工作，并做好出征意大利的准备。

迦太基人知晓了汉尼拔的意图。巴卡家族的反对者立即集结政治力量进行反击，他们让迦太基议会派代表团前往罗马报告汉尼拔的阴谋。他们希望通过这种方式赢得罗马人的好感，并得到对抗马西尼萨的军事支持，因为后者一再向迦太基提出无法接受的割让领土的要求。

面对这种情况，罗马派出了两个使团，其中一个隶属于普布利乌斯·科尔内利乌斯·西庇阿。他们的首要目的是前往迦太基做进一步调查，同时给当地残余的巴卡家族的支持者一个下马威。

另一个使团则拜访了安条克三世。但他们并未前往艾菲索斯，而是来到皮西迪亚（Pisidia），因为安条克三世当时正在此地作战。罗马使节在那里还遇到了另一位关键人物：汉尼拔。罗马人充分利用这次机会挑拨汉尼拔和安条克三世之间的关系，这似乎取得了一定的效果。汉尼拔在安条克三世的宫廷逐渐被边缘化。如果罗马与塞琉古达成一致，那么汉尼拔将即刻成为这面"同盟大旗"的第一个祭品。久经沙场的将领陷入了一场错综复杂的阴谋之中。这位迦太基"难民"简直如履薄冰，处处小心警惕。幸运的是，罗马人最终并没有达到目的，不得不空手而归。

而塞琉古人对抗罗马的决心也就此生根发

芽。汉尼拔丰富的作战经验让他回到了对抗罗马的最前线，在北非再次点燃战火。在一支小型舰队的陪同下，他先来到了昔兰尼，在那里他可以打探到迦太基的情况。但他没能和自己的人民达成一致，因为巴卡家族的对手希望得到罗马的谅解，他们不想承担爆发新一轮战争的风险。

但是，汉尼拔并没有彻底放弃。当机会出现时，他仍希望迦太基人能够改变主意。尤其是在拜访利比亚阿蒙神谕之地时，他得到了一个有利的消息。但由于在北非仍然无法施展拳脚，他只得在公元前192年回到亚洲。在那里，安条克三世与罗马的大战一触即发。

安条克三世并没有全身心地投入计划已久的希腊战略，他在缺乏明确的政治及军事构想的前提下发动了一次又一次的半吊子攻势，这自然无法带来决定性的突破。汉尼拔在北非袭扰意大利北部，而安条克三世以伊庇鲁斯为原点将希腊纳入保护范围并以此威胁意大利南部。这一切终究只能是汉尼拔美好的愿望。尽管如此，这些计划还是在民众中流传开来。希腊人民对这些大胆的计划产生了浓厚的兴趣，纷纷表示愿意加入。布巴鲁（Boupalos）的预言正是这种情绪的表达。根据他的预言，愤怒的宙斯将结束罗马的统治。据弗莱贡·德·特拉雷斯（Phlegon von Tralleis）记载，即使多次在温泉关（Thermopylen）受伤，布巴鲁也坚持要前往罗马营地宣告这"来自上天的警告"（FGrHist 257 F 36 III）。

安条克三世自一开始便没有彻底地执行自己在希腊的战略意图，而现在只能是一败涂地。公元前191年，塞琉古军队在温泉关被罗马执政官马尔库斯·阿西利乌斯·格拉布里奥（Marcus Acilius Glabrio）彻底击败，不得不撤回小亚细亚。一场战役的胜负就足以将安条克三世的军队赶出希腊。罗马人并没有乘胜追击，这也使得安条克三世有时间为抵御罗马人进军小亚细亚做好准备。

汉尼拔并没有参加希腊的陆地战役，而是随一支舰队前往腓尼基保护小亚细亚的安全。塞琉古舰队最终在赛德港（Side）败给了罗马的盟友——罗得岛人的舰队。令人无法理解的是，安条克三世竟然在一次小型的海上作战中委派了汉尼拔，而不是让这位经验丰富的战术大师担任军事总指挥，或者至少在决定性的马格尼西亚（Magnesia）战役中听取他的意见。要知道，这可是罗马人第一次进军亚洲领地（公元前189年）。

罗马与塞琉古冲突期间，罗马的附庸迦太基也没有闲着。他们要为罗马将领盖乌斯·李维乌斯·萨利那托尔（Gaius Livius Salinator）提供6艘战舰以完成自己对联盟的义务。此外，迦太基人在向罗马军队提供粮食的同时，还提出了自己的诉求：希望一次性付清仍未偿还的战争赔款。由于金额十分庞大，我们不得不认为在汉尼拔出任"苏菲特"（公元前196年）期间进行的金融改革十分有效，使迦太基的经济得以迅速复苏。然而，罗马人拒绝了这笔还款。很显然，他们希望迦太基人在更长时间内保持对罗马的依赖。

公元前188年在安帕梅亚（Apameia）签订的和平条约为罗马人在马格尼西亚的胜利画上了完美的句号。此后罗马将军路西乌斯·科尔内利乌斯·西庇阿（Lucius Cornelius Scipio）向安条克三世提出引渡汉尼拔的要求。但安条克三世并未出卖汉尼拔，而是保证他安全地离开小亚细亚。

在匆忙逃离迦太基约 5 年之后，汉尼拔再度踏上逃亡之旅。而他可选择的目的地也越来越少。哪一座城市、哪一位统治者愿意以自己的热情好客换来罗马的兵戎相向呢？

汉尼拔乘船从赛德港前往克里特岛（Kreta），并在岛上的戈尔廷市（Gortyn）落脚（公元前 189 年夏）。那里的故事均与汉尼拔的财宝有关。科尔奈利乌斯·奈波斯有如下记述："他（汉尼拔）用铅灌满了好几个双耳瓶，并在瓶身上涂了薄薄的金层。在克里特当地官员的注视下，将它们带入阿尔忒弥斯神庙（Artemis-tempel）进行祭拜，就好像自己真诚地把财富委托给对方一样。在成功地混淆视听之后，他将自己的金币塞满了带上岛的青铜雕像，然后把它们埋在自己房屋的前院，仿佛它们毫无价值。"（Hannibal 9）。

然而，我们很难确定这个故事究竟是传说

还是史实，因为它由广为人知的偏见堆砌而成：克里特人偷窃成瘾且诡计多端，而汉尼拔则以贪得无厌闻名于世。

无论如何，汉尼拔并没有在戈尔廷逗留很久，因为罗马在该地区的影响力越来越大，这使他再次感受到了威胁。依旧是公元前189年，他动身前往亚美尼亚（Armenia）。

这片土地在国王阿尔塔什斯（Artaxias）的带领下从塞琉古帝国独立出来。可以想象，汉尼拔早在安条克三世的宫廷内就已经结识这位亚美尼亚统治者。在汉尼拔抵达之后，国王委派他监督修建新的皇城阿尔塔沙特（Artaxata）。汉尼拔以规划师的身份完成了整个计划。然而，这片新的避风港也没能给这位迦太基人长久的保护。罗马在小亚细亚的影响力逐渐增强，汉尼拔不得不离开此前被认为是安全的亚美尼亚，再次寻找合适的避难所。

他在比提尼亚（Bithynia）找到了容身之所。国王普鲁西亚（Prusias）因和罗马在小亚细亚的盟友帕加马国王冲突不断而与罗马交恶。不久之后，汉尼拔出众的军事才能便又在比提尼亚与帕加马的局部战争中大放异彩。据说和在亚美尼亚一样，他还在国王的授意下于公元前184年参与修建了普鲁萨（Prusa，今布尔萨）。

汉尼拔生命的最后篇章随着罗马使节提图斯·昆西图斯·弗拉米尼乌斯造访比提尼亚（公元前183年）展开。后者作为帕加马和比提尼亚争端的调停者来访，那么汉尼拔的未来自然在其中起到了至关重要的作用。

接下来的故事历史上有诸多版本。根据地点的不同，普鲁西亚或是弗拉米尼乌斯都被认为应该为汉尼拔的自杀负责。自（公元前195年）逃离迦太基以来，汉尼拔的足迹遍布东方的希腊世界，先后到过艾菲索斯、克里特岛、亚美尼亚和比提尼亚，但始终未能找到属于自己的家。

他就像一名勇士，一次又一次地独自面对挑战。但在生命的最后时刻，他只能忍受自己像一株小草一样随"罗马之风"飘摇。无能为力的他心灰意冷，认为自己只剩下自杀这唯一的出路。

　　李维与我们分享了他"最后的话"："我们希望将罗马人从长久的焦虑中解放出来，因为他们认为等待一位手无寸铁的老者死去需要的时间太久。弗拉米尼乌斯绝不会因为战胜了一位遭人背叛的战士而庆祝伟大且难忘的胜利。这一天将向世人证明罗马人民的仁义已经发生了巨大的改变。他们的先祖曾警告皮洛士要小心毒药，后者当时正全副武装，率军在意大利与罗马战斗。而现在他们曾经的执政官却以使者之名，诱骗普鲁西亚以亵渎神灵的方式杀死自己的坐上宾。"（李维 XXXIX 51,9）

　　历史上对汉尼拔死亡的确切日期仍有争议。李维认为是公元前183年，波里比阿则认为是公元前182年。汉尼拔最终被葬在比提尼亚的利比萨（Libyssa）。

　　汉尼拔的故乡迦太基并没有比他存在更长的时间。仅仅两代人之后，它便被罗马人（公元前146年）夷为平地。而这一残酷行动的指挥官正是西庇阿家族的普布利乌斯·科尔内利乌斯·西庇阿·埃米利安努斯（Publius Cornelius Scipio Aemilianus）。而罗马人又一次"请"出了汉尼拔的亡灵，以"迦太基威胁论"为由为自己的野蛮暴行辩白。毕竟，从未有人取得过汉尼拔那样的成就。每当罗马人回想起曾被他支配的恐惧，"迦太基威胁论"总能取得新的支持力量。这也是他的家乡最终被毁灭的原因之一。

后　记

古罗马时期能够给后世留下鲜活形象的人物并不多，而汉尼拔就是其中之一。他的所作所为前无古人，后无来者，令人难以忘怀。他怀着绝对的勇气与决心向当时世界的霸主罗马发起挑战，并成功地取得了将罗马逼入绝境的惊人成就。这一切都令其后几个世纪的人对他的故事心驰神往。这场夺取无数生命、毁灭整个国家的可怕战争所带来的影响在后世常常被提起，而汉尼拔在其中起着不可估量的作用。

汉尼拔并没有因为其家乡迦太基渐渐被人忘却而淡出人们的视野。他的所作所为仍旧可以在历史长河中掀起波澜。我们所拥有的不仅是一位汉尼拔，更有后世一次又一次的模仿与艺术加工。而每个时代的"汉尼拔"又体现了各自的时代特征。李维在奥古斯都时期为了迎合"全民罗马"的复兴运动所刻画的汉尼拔强调了布匿人的"负面形象"，并以此来凸显罗马人的"正直"。

而在包括北非在内的罗马帝国曾经拥有的其他外部行省，罗马和古代意大利人偏爱的布匿人形象大大弱化。汉尼拔不再是残忍、贪婪的代名词，而成为拥有卓越军事才能之人及强大政治力量的代表。北非土生土长的罗马皇帝塞普蒂米乌斯·塞维鲁（Septimius Severus）更是对自己的这位"同胞"表达了由衷的钦佩，他重修了汉尼拔的坟墓，并给予最高级别的装饰。君士坦丁家族中的一位成员甚至直接取名为汉尼拔里阿努斯（Hannibalianus）。

中世纪晚期，汉尼拔的形象多出现在小型画像之中；而现代的早期视觉艺术将他带入大银幕。他一生中最著名的事迹被反复演绎：翻越阿尔卑斯山、坎尼战役和扎马战役，当然也有与西庇阿、马西尼萨和索福妮斯巴等有关的戏剧性情节。

汉尼拔是拿破仑在意大利战役中效仿的榜样。1801 年雅克－路易·大卫（Jacques-Louis David）为拿破仑作的骑马肖像画《波拿巴穿越阿尔卑斯山》（*Bonaparte franchissant les Alpes*）中就写有汉尼拔与查理大帝的名字。这是在向人们传递一个信息：拿破仑正在实践他们过去的伟大壮举。即使流亡圣赫勒拿岛（Sainte-Hélène），拿破仑仍旧是这位伟大军事将领的忠实粉丝。

最终塑造汉尼拔如今历史形象的是 19 世纪以来与其相关的诸多历史文献。其中居斯塔夫·福楼拜（Gustave Flaubert）的《萨朗波》起到了特别重要的作用。福楼拜为故事中的女主角、汉尼拔的妹妹取了萨朗波这个名字。这个极富想象力的姓名也与小说一起享誉世界。欧洲美好年代（Belle-Epoche）时期的人们在福楼拜的迦太基世界中构建着自己对东方世界的想象。福楼拜在创作《萨朗波》的过程中表示："我沉醉于古代世界，看他们如何用葡萄酒来麻醉自己。"故事里的迦太基更像是一个神秘黑暗的"古董柜"，充满谜团和危险。每个人物都被神秘的现实笼罩。故事的主要情节虽然与历史事件几乎没有任何联系，但直到今天依然深入人心。最新的汉尼拔小说——吉斯伯特·哈夫斯（Gisbert Haefs）的《汉尼拔》（1989），罗斯·莱基（Ross Leckie）的《我，汉尼拔》（1995）——也没有放过任何一个混合着异域情调与暴力的经典情节。

因此，更重要的是基于严格的历史学标准对汉尼拔及迦太基展开可靠的研究，如奥托·梅尔策（Otto Meltzer）的《迦太基人的历史》（Geschichte der Karthager）或是斯特凡·基瑟尔（Stéphane Gsell）的《北非古代史》（Histoire Ancienne de l'Afrique du Nord），这些著作为我们提供了重要且清晰的历史基础。它们为基于历史研究兴趣展开的工作提供了材料，尤其对这本汉尼拔的传记作品帮助良多。

前 247 年	汉尼拔出生于迦太基，其父亲被任命为西西里岛战争的指挥官。
前 241 年	第一次布匿战争结束，签订《卢塔提乌斯条约》。
前 241~前 238 年	北非雇佣兵之乱。
前 237 年	哈米尔卡出任探索西班牙部队的指挥官，汉尼拔随父出征。
前 229 年	汉尼拔之父哈米尔卡在围攻赫里克时去世，哈斯德鲁巴接任。
约前 227 年	新迦太基建立。
约前 226 年	签订《哈斯德鲁巴协议》，承诺不会越过塞古拉河开展军事行动。
前 221 年	哈斯德鲁巴去世，汉尼拔成为继任者，军队的选择得到迦太基议

会的认可。

前 219 年	萨贡托冲突导致罗马宣战及第二次布匿战争爆发。
前 218 年春	汉尼拔从新迦太基出发前往比利牛斯山。
前 218 年 8 月	汉尼拔越过罗讷河，并在深秋翻越阿尔卑斯山。
前 218 年 11 月	在提契诺河战役中战胜普布利乌斯·科尔内利乌斯·西庇阿。
前 218 年 12 月底	在特雷比亚河再次战胜罗马军队。
前 217 年 6 月	汉尼拔在特拉西梅诺湖击败盖乌斯·弗拉米尼乌斯。昆图斯·费边·马克西姆斯成为独裁者，负责对抗汉尼拔。西庇阿兄弟在西班牙取得了对迦太基人的胜利。
前 216 年 8 月	汉尼拔在坎尼击溃罗马，一部分意大利城市转投汉尼拔方，其中包括卡普亚。
前 215 年	汉尼拔与腓力五世签订条约。叙拉古在国王希伦去世后转变态度，加入汉尼拔阵营。

前 213/ 前 212 年　马尔库斯·克劳狄乌斯·马塞勒斯围攻叙拉古，这座城市在阿基米德的帮助下抵抗至最后；汉尼拔攻占塔伦图姆，但城堡仍由罗马人据守。

前 211 年　　　　为缓解卡普亚危机，汉尼拔进攻罗马，但两项军事计划均未取得成功。卡普亚重回罗马人之手。罗马军队在西班牙受挫，西庇阿兄弟去世。

前 210 年　　　　普布利乌斯·科尔内利乌斯·西庇阿（父亲于前一年去世）接管西班牙的罗马军队并攻下新迦太基。

前 209/ 前 208 年　西庇阿在西班牙的巴埃库拉地区取得胜利。塔伦图姆被昆图斯·费边·马克西姆斯夺回。哈斯德鲁巴带兵前往意大利。

前 207 年　　　　汉尼拔的兄弟哈斯德鲁巴在梅陶罗河战役中被击败。

前 206 年　　　　随着西庇阿在伊利帕取得胜利，

迦太基失去了对西班牙的控制。

前 204/ 前 203 年　西庇阿将战争带到北非。罗马军队战胜了基斯戈之子哈斯德鲁巴和西法克斯的联军。汉尼拔不得不撤出意大利，重回迦太基（于哈德鲁米图姆登陆）。

前 202 年　　　　扎马战役，汉尼拔与西庇阿之间的决定性战役，汉尼拔第一次被击败。

前 201 年　　　　罗马与迦太基签订和平协议。迦太基人失去了海外领地并被迫交出海军、支付高昂的赔款。罗马彻底控制了迦太基的对外策略。汉尼拔被免除军职。

前 196 年　　　　汉尼拔出任"苏菲特"，实行税制改革。

前 195 年　　　　罗马人要求引渡汉尼拔，后者逃离迦太基。途经泰尔，最终汉尼拔抵达艾菲索斯，并受到了塞琉古帝国君主安条克三世的欢迎。

前 193/ 前 189 年　汉尼拔支持安条克三世对抗罗马。

他试图从北非进攻意大利，但这一计划最终未能实行。

前 189/ 前 187 年　汉尼拔逗留克里特岛，逃亡来到亚美尼亚国王阿尔塔什斯的领地，不得不再次躲避罗马人。

前 186 年　汉尼拔找到了最后的避难所——比提尼亚（国王普鲁西亚），并参与了对帕加马王国的战争。

前 183 年　罗马使者弗拉米尼乌斯出访比提尼亚，汉尼拔迫于压力选择自杀。

参考文献

本书所罗列的参考书目仅为从大量汉尼拔相关作品中挑选的，具有国际研究代表性的一小部分；而作为专业级研究的入门，应参考卡尔·克里斯特（Karl Christ）所发表的论文集，他本人将大量的心血投入到了对汉尼拔生平的研究中去；想要更深入地学习、探讨，则可以选择雅各布·塞伯特（Jakob Seibert）和塞吉尔·兰塞尔（Serge Lancel）的作品，其中不仅有介绍和阐述，还包括丰富的原始资料。

E. Acquaro, Su i „rittrati Barcidi" delle monete puniche, Rivista storica dell'Antichità 13/14 (1983/84) 83–86.

A.E. Astin, Saguntum and the Origins of the Second Punic War, Latomus 26 (1967) 577–596.

P. Barceló, Beobachtungen zur Entstehung der barkidischen Herrschaft in Hispanien, Orientalia Lovaniensia Analecta 33, Studia Phoenicia 10 (1989) 167–185.

P. Barceló, Rom und Hispanien vor Ausbruch des 2. Punischen Krieges, Hermes 124 (1996) 45–58.

P. Barceló, Hannibals Geheimdienst, in: W. Krieger (Hrsg.). Geheimdienste in der Weltgeschichte, München 2003, 30–44.

J.M. Blázquez, Los Bárcidas en España, Historia 16, Madrid 1977.

J.P. Brisson, Carthage ou Rome, Paris 1973.

G. Brizzi, Annibale, Strategia e immagine, Peruggia 1984.

K. Christ, Hannibal und Scipio Africanus, Die Großen der Weltgeschichte, Zürich 1971.

K. Christ (Hrsg.), Hannibal, Wege der Forschung 371, Darmstadt 1974.

R. Corzo Sánchez, La segunda guerra púnica en la Bética, Habis 6 (1975), 213–240.

A. Erskine, Hannibal and the freedom of the Italians, Hermes 121 (1993) 58-62.

K. Geus, Prosopographie der literarisch bezeugten Karthager, Orientalia Lovaniensia, Analecta 59, Studia Phoenicia 13, Leuven 1994.

C. González Wagner, Fenicios y cartagineses en la Península Ibérica: Ensayo de interpretación fundamentado en un análisis de los factores internos, Madrid 1983.

L.M. Günther, Hannibal im Exil: Seine antirömische Agitation und die römische Gegenwahrnehmung, Orientalia Lovaniensia Analecta 33, Studia Phoenicia 10 (1989) 241–250.

W. Hoffmann, Hannibal, Göttingen 1962.

W. Huss, Geschichte der Karthager (HdAW), München 1985.

W. Huss, Hannibal und die Religion, Studia Phoenicia 4 (1986) 223–238.

J. Kromayer, Antike Schlachtfelder, III 1, Berlin 1912.

D.-A. Kukofka, Süditalien im Zweiten Punischen Krieg, Frankfurt-Bern-New York-Paris 1990.

S. Lancel, Carthage, Paris 1992.

S. Lancel, Hannibal, Paris 1995.

J.F. Lazenby, Hannibal's War. A Military History of the Second Punic War, Warminster 1978.

P. Marchetti, Histoire économique et monétaire de la deuxième guerre punique, Brüssel 1978.

C. Nicolet, L'inventaire du monde. Géographie et politique aux origines de l'Empire romain, Paris 1988.

H. G. Niemeyer, Das frühe Karthago und die phönizische Expansion im Mittelmeerraum, Göttingen 1989.

C. G. Picard, Hannibal, Paris 1967.

B. Scardigli, I Trattati Romano-Cartaginesi, Pisa 1991.

H.H. Scullard, Scipio Africanus: Soldier and Politician, London 1970.

K.-H. Schwarte, Der Ausbruch des zweiten punischen Krieges – Rechtsfrage und Überlieferung. Historia-Einzelschriften 43, Wiesbaden 1983.

T. Schmitt, Hannibals Siegeszug. Historiographische und historische Studien vor allem zu Polybios und Livius, München 1991.

J. Seibert, Hannibal, Darmstadt 1993.

J. Seibert, Forschungen zu Hannibal, Darmstadt 1993.

Studi Annibalici. Atti del convegno svoltosi a Cortona, Tuoro sul Trasimeno, Perugia, ottobre 1961, Cortona 1964.

G.V. Sumner, Rome, Spain and the Outbreak of the Second Punic War, Latomus 31 (1972) 469–480.

A.J. Toynbee, Hannibal's Legacy. The Hannibalic War's Effects on Roman Life, 2 Bde. New York-Toronto 1965.

L. Villaronga, Las monedas hispano-cartaginesas, Barcelona 1973.

B.H. Warmington, Carthage, New York 1950.

W. Will, Mirabilior adversis quam secundis rebus. Zum Bild Hannibals in der 3. Dekade des Livius, Würzburger Jahrbücher für die Altertumswissenschaft, Neue Folge 9 (1983) 157–171.

原始资料（本书呈现的古代文本引自以下德文译本）

Plutarch, Lebensbeschreibungen, übers. v. F. Kaltwasser, bearb. v. F. Floerke, München (Goldmann) 1964.

Polybios, Geschichte, hrsg. v. H. Drexler, Zürich und Stuttgart (Artemis) 1961.

Titus Livius, Römische Geschichte, hrsg. v. J. Feix, München (Heimeran) 1974.

M. Acilius Glabrio 106
Adriatisches Meer 55, 68, 102
L. Aemilius Paullus 57, 81
Ägäisches Meer 102
Agrigent 71 f.
Akra Leuke 23, 27
Alexander der Große 24, 47,
　50 f., 63
Alexandria 102
Alpenübergang 51 f., 81, 113
Althaia 34
Ammon-Orakel 106
Antigoniden 104
Antiochia 104
Antiochos III. 102, 104–107, 109
Apameia (Friedensvertrag) 107
Apennin 54, 82
Apenninenhalbinsel 37–8, 42,
　46 f., 50–61, 66–89, 94–96
Appian 9, 28
Apulien 55 f., 62, 76, 82
Arbukale (h. Toro) 34
Archimedes 72
Arganthonios 22
Ariminum (h. Rimini) 81, 85
Aristoteles: Politik 15
Armenien 109 f.
Arno 54
Arretium (h. Arezzo) 54
Artaxata 109
Artaxias 109
Athen 14, 102
M. Atilius Regulus 13, 91
Aufidus 57

Baal 9
Baecula (h. Bailén, Schlacht) 81 f.
Balearen 85, 90, 93
Barkiden 13 f., 21, 25, 27, 29 ff.,
　32 ff., 49, 71, 87, 99, 101, 105
Bithynien 109 f.
Bologna 54
Bomilkar (Schwager Hs.) 13, 29
Bruttium 62, 83

Campanien 54, 62, 72
Cannae (Schlacht) 57–63, 93,
　113
Canusium (h. Canosa) 78, 82
Capua 62, 72, 76
Carpetanien, Carpetaner 34 f.,
　78
Cassius Dio 9, 24
Castulo 22 f.
Cirta (h. Constantine) 89
App. Claudius Caecus 38
Contestaner 35
M. Claudius Marcellus 18–9, 60,
　66, 70, 72, 76, 78, 80 f.
C. Claudius Nero 66, 81 f.
App. Claudius Pulcher 70, 72
Cornelius Nepos 9, 108 f.
Cn. Cornelius Scipio 51, 66 f.
L. Cornelius Scipio (Sohn des
　Africanus) 107
P. Cornelius Scipio 51 f.
P. Cornelius Scipio Aemilianus
　Africanus Numantianus 110
P. Cornelius Scipio Africanus
　75, 78–85, 87–93, 100, 105,
　113
P. Cornelius Scipio Nasica 84 f.

David, J. L. (Maler) 113
Diodor 9
Duero 34

Edetaner 35
Ephesos 104 f., 110
Epikydes 69
Epirus 106
Etrurien, Etrusker 37, 62, 85

Q. Fabius Maximus Verrucosus
　(Cunctator) 49, 55 f., 60, 66,
　70, 76, 78, 81, 83
Q. Fabius Pictor 9, 48
Faesulae (h. Fiesole) 54
C. Flaminius 54 f.

Flaubert, G.: *Salammbô* 113
Cn. Fulvius Centumalus 76
Q. Fulvius Flaccus 66, 72

Gades (h. Cádiz) 14, 20, 24, 47, 78
Gallien 50
Genua 85
Gereonium 56
Gortyn 108 f.
Griechenland, Griechen 22, 47, 59, 63, 70, 86, 95, 102–107
Große Ebenen (Tunesien) 88
Gsell, St.: *Histoire Ancienne de l'Afrique du Nord* 114
Guadalquivir 24, 28, 35

Hadrumetum (h. Sousse) 93
Haefs, G.: *Hannibal* 113
Hamilkar Barkas (Vater Hs.) 13, 19–26, 29, 37, 40
Hannibal:
– Baumeister 109
– Biographen (ant.) 9, 11
– Charakter 9 f., 32 f., 48, 63 f., 84, 112
– Erziehung und Ausbildung 24–6
– Exil in Kleinasien 104–110
– Freitod 110
– Kindheit und Jugend 18, 20–1, 24
– Privatleben 10, 32, 97
– Protagonismus 10 f., 33, 42, 92
– Reden 10, 43 f.
– Reformpolitiker (Suffet) 97–100, 107, 112
– Stratege 30, 33–4, 46 f., 50–52, 59–62, 70, 76, 84 f., 92, 99, 107, 109, 112
– Urteile 9–11
Hannibalianus 113
Hanno (der Große) 19, 43 f., 49
Hanno (Neffe Hs.) 13, 17, 29
Hasdrubal (Bruder Hs.) 29, 46, 50, 63, 67, 70, 78, 80–83, 97

Hasdrubal (Schwager Hs.) 13, 26 f., 29, 32, 40 f., 43
Hasdrubal (Sohn des Gisko) 78, 81, 87 f.
Hasdrubal-Vertrag 27–9
Helike (h. Elche de la Sierra) 26
Helmantike (h. Salamanca) 34
Hera Lakinia 83 f.
Hercules (Geryon-Episode) 24–5, 47 f.
Herdonea 76
Herodot 22, 48
Hiberus s. Iberus
Hieron von Syrakus 69
Himilke 32
Himilko 32, 71
Hippokrates 63, 69
Hispanien s. Iberische Halbinsel
Hispanier s. Iberische Völker
Huelva 22, 78

Iberus (h. Ebro) 48, 67
Iberische Halbinsel, Iberien 20–1, 22–5, 30, 32–7, 40 ff., 46, 50 f., 63 f., 66 ff., 78–85, 87, 90, 93 ff.
Iberische Völker, Iberer 22, 32 f., 35 f., 46, 57, 67, 73, 79, 82, 86
Ilipa (Schlacht) 79, 87
Illyrien, Illyrer 20, 45, 63
Italien s. Apenninenhalbinsel
Italische Völker, Italiker 38, 40, 54 f., 73, 86

Karthago, Karthager:
– Bildung (grie.) 14 f., 24
– Bundesgenossen 28, 34 ff., 79
– Expansion des Machtbereichs 12, 14 f., 18 ff., 33, 35, 37, 41, 49, 68 f., 83 f., 91, 98
– Frieden (Verhandlungen, Verträge) 87, 89–96, 97 f.
– Führungsschicht 14 f., 30, 100
– Innenpolitik 15, 19, 33–4, 43–4, 49, 89, 93, 98–102, 105 f.
– Kriegsreparationen 40, 90, 93, 97 ff.

- Landmacht (Heer) 13, 15, 19, 22, 30 ff., 37, 46, 50, 57, 84, 92
- Rivalität mit Rom 11 f., 20, 23, 25, 27, 29, 35–7
- Seemacht (Flotte) 13 f., 17, 19, 29 f., 32, 45, 49 f., 71, 84 f., 93 f., 98
- Stadt 82, 87–94, 97–103
- Verfassung 15, 29–31
- Wirtschaft 14 f., 20, 22 ff., 26 f., 37, 41, 71, 98 ff., 107
Kelten (oberital.) 20, 37, 45 ff. 52, 57, 74, 80 f., 86
Keltiberer 73, 88
Korinth 102
Kreta, Kreter 108–110
Krieg:
- 1. römisch-karthagischer Krieg 13, 17, 21, 24, 41–2, 49
- 2. römisch-karthagischer Krieg 40–96
- Kriegsursachen 25, 28, 40, 42 ff.
Kriegselefanten 34, 46, 50 ff., 92 f.
Kroton (pun.-grie. Inschrift) 84
Kynoskephalai (Schlacht) 102
Kyrene 14, 106

Latium, Latiner 37, 62, 76
Leckie, R.: *Ich Hannibal* 113 f.
Leptis Minor 91
Libyen, Libyer 19 f., 30, 42, 86, 106
Libyscher Krieg 14–21
Libyssa 110
P. Licinius Crassus 83
Ligurien, Ligurer 81 f., 85 f.
Livius 9 f., 25, 28, 43, 45, 48, 59, 65, 75, 89, 91, 93, 99, 110, 112
M. Livius Salinator 66, 81 f.
C. Livius Salinator 107
Lokroi 80, 83
Lukanien 60, 76, 82
Lutatius-Vertrag 17, 28, 40
Lysimacheia (Konferenz) 104

Magnesia (Schlacht) 107
Mago (Bruder Hs.) 29, 63, 78, 80, 85, 91, 97
Mago der Samnite 32
Magoniden 30
Maharbal 32, 59
Mahon 85
Mamertiner 42
Maroneia 76
Massalia (h. Marseille), Massalioten 14, 51, 67
Massinissa 32, 87–89, 91, 93, 98, 105, 113
Mater Magna (Kult) 84
Mauretanier 46
Medjerda 91
Meles 76
Melkart-Heiligtum 24, 47 f.
Meltzer, O.: *Geschichte der Karthager* 114
Menorca 85
Messenier 42
Metaurus (Schlacht) 82 f.
metus Punicus (Karthagergefahr) 42, 111
M. Minucius Rufus *(magister equitum)* 55 f.
Myttones 63

Napoleon Bonaparte 113
Naraggara 91
Naravas (Schwager Hs., Numiderfürst) 13–4, 29
Neapel 62
Neu-Karthago (*Charthago nova,* h. Cartagena) 26–8, 34, 36, 46 f., 52, 63, 78–80
Nordafrika, Nordafrikanische Völker 17, 31, 46, 51 f., 70, 74, 83 ff., 87–95, 98, 105 f., 112
Numidien, Numider 13 f., 35, 46, 57, 76, 89

Olcader 34 f.
Oretaner 35

Palancia 36
Pergamon 102, 109 f.

Philipp V. von Makedonien 63,
   67, 70, 84, 102
Phlegon Trallianus 106
Phönikien, Phöniker 20, 22, 47,
   86, 107
Phoinike (Frieden) 84
Picenum, Picentiner 55, 62
Pisidien 105
Placentia (h. Piacenza) 52, 54, 81
Plutarch 18–9, 38–9, 63
Polybios 9 f., 17, 25, 27 f., 32 f.,
   40 ff., 50 f., 56, 59, 63, 68 f.,
   72 f., 77, 84, 86 f., 92, 94 f.,
   102, 110
Pompeius Trogus 9
Prusias I. 109 f.
Prusa (h. Bursa) 109
Ptolemaios V. Epiphanes 102
Pyrrhos von Epirus 24, 38–9,
   110

Quellenkritik 9–11, 25, 40 ff., 65,
   112 ff.
T. Quinctius Flamininus 102,
   109 f.

Rezeption 112 ff.
Rhegion, Rheginer 42, 76
Rhodos, Rhodier 102, 107
Rhône 50 ff.
Rom, Römer:
– Bundesgenossensystem (ital.)
   38, 45, 54, 66 ff., 73 f., 76, 80,
   93, 95
– Führungsschicht 39, 49, 95
– Flotte 45, 66, 70 ff., 84, 94
– Gesamturteil 45, 65
– Hegemonialmacht *(imperium
   Romanum)* 10, 12, 18, 37–41,
   45, 49, 62, 68, 72, 83, 94 ff.,
   101 f., 112
– Rivalität mit Karthago
   s. Karthago, Karthager
– Senat 23, 38, 40, 48, 55, 66,
   75, 83, 87, 95, 100
– Stadt 62 f., 73, 95 f.
– Verfassung (aristokrat.-
   republ.) 15, 37, 95

Sabiner 62
Sagunt, Saguntiner 28, 34–7, 40,
   43, 44, 46, 50, 60
Salapia 76
Samnium, Samniten 37, 62, 76
Sardinien 20 ff., 27, 29, 40, 42,
   70, 74, 85, 95
Scipionen 67, 69, 73
Segura 24, 28 f., 34–5, 36
Seleukidenreich, Seleukiden 100,
   102–106, 109
Tib. Sempronius Gracchus 70,
   81
Tib. Sempronius Longus 51 f.
L. Septimius Severus Pertinax
   (Kaiser) 112
Side 107 f.
Silenos von Kaleakte 9, 24
Silius Italicus 9
Sizilien 13, 17, 20, 22, 27, 29,
   35, 41 f., 45, 47, 51, 69 ff., 83,
   94 f.
Söldner 15, 17–20, 71
Söldnerkrieg s. Libyscher Krieg
Sophoniba (Tochter Hasdrubals,
   Sohn des Gisko) 87, 89 f.,
   113
Sosylos von Sparta 9, 24
Syphax 87–89
Syrakus, Syrakusaner 45, 50,
   69 ff., 76, 78
Syrien 102

Tajo 34, 78
Tarent 60, 70, 76, 78
C. Terentius Varro 57, 59, 65
Thermopylen 106
Theveste (h. Tebessa) 13
Ticinus (Schlacht) 52, 62
Teanum 56
Toledo 34
Trasimenischer See (Schlacht)
   54 f., 62
Trebia (Schlacht) 54 f., 62
Tunis 88, 93 f.
Turboleten 35 f., 44
Tyros 14
Tyrrhenisches Meer 42

Umbrier 62
Utica 87, 89

Vaccäer 34 f.
M. Valerius Laevinus 70
P. Valerius Laevinus 39

Valerius Maximus 25
Volturnus 56

Xanthippos 24

Zama (Schlacht) 91 f., 113

作者简介

佩德罗·巴尔塞洛（Pedro Barceló）是波茨坦大学古代历史学教授，其主要研究方向是重现迦太基和罗马—西班牙地区的历史生态。

译者简介

丁树玺，同济大学学士，德国卡尔斯鲁厄理工学院硕士。曾翻译出版《匡特家族》，《全球货币进化史》。

图书在版编目（CIP）数据

汉尼拔 /（德）佩德罗·巴尔塞洛著；丁树玺译
. -- 北京：社会科学文献出版社，2021.6
（生而为王：全13册）
ISBN 978-7-5201-8346-8

Ⅰ. ①汉… Ⅱ. ①佩… ②丁… Ⅲ. ①汉尼拔(
Hannibal 前247-前182)-传记 Ⅳ. ①K834.145.2

中国版本图书馆CIP数据核字（2021）第092712号

生而为王：全13册

汉尼拔

著　　者 /　[德] 佩德罗·巴尔塞洛
译　　者 /　丁树玺

出 版 人 /　王利民
组稿编辑 /　段其刚
责任编辑 /　周方茹
文稿编辑 /　肖世伟　陈嘉瑜

出　　版 /　社会科学文献出版社·联合出版中心（010）59367151
　　　　　　地址：北京市北三环中路甲29号院华龙大厦　邮编：100029
　　　　　　网址：www.ssap.com.cn
发　　行 /　市场营销中心（010）59367081　59367083
印　　装 /　北京盛通印刷股份有限公司

规　　格 /　开　本：889mm×1194mm 1/32
　　　　　　本册印张：5.125　本册字数：71千字
版　　次 /　2021年6月第1版　2021年6月第1次印刷
书　　号 /　ISBN 978-7-5201-8346-8
著作权合同
登 记 号 /　图字01-2019-3607号
定　　价 /　498.00元（全13册）

本书如有印装质量问题，请与读者服务中心（010-59367028）联系

▲▲ 版权所有　翻印必究